Dr. Jean Rafael

A ciência da gratidão

Presidente:
Maurício Sita

Vice-presidente:
Alessandra Ksenhuck

Capa, diagramação e projeto gráfico:
Gabriel Uchima

Revisão:
Daniel Muzitano

Revisão artística:
Edilson Menezes

Diretora de projetos:
Gleide Santos

Diretora executiva:
Julyana Rosa

Relacionamento com o cliente:
Claudia Pires

Impressão:
Gráfica ANS

Dados Internacionais de Catalogação na Publicação (CIP)
(eDOC BRASIL, Belo Horizonte/MG)

R136c

Rafael, Jean.
A ciência da gratidão / Dr. Jean Rafael. – São Paulo, SP: Literare Books International, 2019.
14 x 21 cm

ISBN 978-85-9455-238-9

1. Autoajuda. 2. Gratidão. I. Título.

CDD 179.9

Elaborado por Maurício Amormino Júnior – CRB6/2422

Literare Books International.
Rua Antônio Augusto Covello, 472 – Vila Mariana – São Paulo, SP.
CEP 01550-060
Fone: +55 (0**11) 2659-0968
site: www.literarebooks.com.br
e-mail: literare@literarebooks.com.br

Dr. Jean Rafael

A ciência da *gratidão*

Sumário

Prefácio

Quando recebi o honroso convite do Dr. Jean Rafael para escrever o prefácio de seu livro, imediatamente disse que o melhor seria, como é costume nessa área, solicitar a alguém famoso porque isso ajudaria na divulgação da obra. Mas, não adiantaram os argumentos, pois sua intenção, e nisso se manteve firme, era contar com pessoas que participaram, de alguma forma, do seu processo de renovação de vida. Jean queria que essas pessoas estivessem presentes, mesmo sendo figuras quase anônimas.

Mais uma vez, vi o ser humano congruente, cujo pensar e falar coincidem com suas atitudes, evidenciando o que eu já sabia há um bom tempo. Desde que o conheci, o autor revelou a natureza do impulso que nasce da essência, com tamanha potência que no início, pode até desorganizar as circunstâncias, mas depois direciona o Ser a uma busca que pode ter começo, mas não sabemos se tem conclusão.

Li o seu livro e gostei. Escrito de forma jovial e atraente, expõe uma trajetória de aprendizado pela experiência, de busca interior, uma jornada de autoconhecimento, através da qual tem se capacitado a uma percepção cada vez mais lúcida sobre seu próprio funcionamento.

A obra revela a importância da flexibilidade. Cada vez que permitiu avaliar sua conduta, seus relacionamentos e os feedbacks que chegavam, Jean colheu resultados novos que, decerto, o leitor também colherá. Mais do que isso, o livro demonstra claramente que perceber e tomar consciência de si e dos fatos efetiva a mudança, a transformação; revelando-se, então, caminhos para a capacidade de pôr em prática o percebido.

Novas compreensões exigem novas atitudes, e somente assim o ciclo pode se completar, gerando possibilidades para outros se abrirem, prosseguindo com vigor a ampliação e expansão da consciência.

Jean lega muitos ensinamentos a partir das próximas páginas. Dentre tantas opções evolutivas propostas, duas lições impactantes despertam a atenção do leitor. A primeira se baseia na necessidade de assumir os erros, encarar os fantasmas, procurar caminhos e pessoas capazes de nos ajudar. A segunda, revela a necessidade diária de questionar os próprios comportamentos do cotidiano, em favor de nossos semelhantes, da carreira e da felicidade, numa perspectiva mais ampla.

De certo modo, a vida precisou quebrar os dois pés do autor, literalmente, como se caprichosamente o convidasse a caminhar de uma maneira mais evolutiva e o fizesse ver que seu propósito de vida como cirurgião demandava também a necessidade de curar as feridas das escolhas equivocadas, pois quem cuida precisa se cuidar e quem faz o bem, tanto precisa quanto merece estar bem.

Quando nos colocamos disponíveis e flexíveis às circunstâncias da vida, sejam elas agradáveis ou dolorosas, comuns ou impactantes, tornam-se valiosas auxiliares para percebermos mais acuradamente nossas reações e através delas, nos conhecermos mais, tal qual enzimas catalizadoras do treinamento de atributos psíquicos valiosos, como perseverança, determinação, acolhimento, aceitação, decisão, senso crítico e vontade amadurecida. Atributos que tornam o ego, a instância mais superficial do nosso Ser total, capaz de se transformar no destemido aventureiro e desbravador do imenso e desconhecido território que é nosso mundo interior.

Jean mostra isso com clareza e de forma agradável. É divertido e proveitoso acompanhá-lo em seus diálogos com o misterioso Dr. Smith. O estilo da narrativa nos leva a assimilar de forma natural as propostas, que podem produzir impactos positivos em nossa maneira de nos vermos e de ver o mundo.

E tudo isso permeado por esse sublime sentimento que é a gratidão, verdadeiro perfume divino que evola das almas que já iniciaram o seu processo de amadurecimento. Das almas, cujo ego, mais esclarecido, sabe-se pequena instância participante de uma totalidade, da qual a essência é a expressão do cosmos que se revela através do micro. E disso já trazido à consciência, anseia com firmeza, porém de forma relaxada, integrar-se à totalidade, para transformar-se em veste transparente através da qual a luz da essência (consciência lúcida) se expressa sem obstáculos.

Gratidão, Jean. É meu desejo que muitos, assim como eu, se beneficiem por meio da leitura dessa obra tão pródiga em ensinamentos!

Dr. Gerardo Campana
Médico Psiquiatra, Psicoterapeuta, Coordenador do curso de Psicologia e Psicoterapia Transpessoal em Alagoas
gerardocampana01@gmail.com

Agradecimentos

Agradeço a Deus pela oportunidade de viver e ser útil ao meu semelhante como cirurgião, palestrante e agora, também por meio da autoria de um livro. Espero que essas singelas palavras possam refletir meu coração e minha alegria, pois embora neófito na arte da escrita, tenho muita fé na gratidão, tema que abordei sob várias perspectivas.

Sou grato aos meus queridos e amados pais, Seu José e Dona Geralda, fontes de meu crescimento. Aos irmãos Julian, José Jr. e Rafaela. Aliás, a eles deixo uma frase que nos uniu numa educação marcada por amor: "o que dá para um, dá para todos".

Em nome dessas pessoas, saúdo toda a minha família, pois precisaria de um livro só para nomear e honrar os que fazem parte da minha existência.

Gratidão à minha amada Mirella, por sua dedicação e lealdade à família, que frutificou em nossos filhos João Rafael, Marisol e Aurora, cada um com seu jeitinho especial.

Estendo os agradecimentos à sogra Sueli e ao sogro – in memoriam – João Batista Melo. Ambos sempre me acolheram e me impulsionaram a não desistir, bem como ao Dr. Gerardo Campana, que aceitou o convite para prefaciar, e a todas as pessoas a quem considero e respeito, da Clínica Lumem, que acreditaram em minha recuperação.

Gratidão, Silvia Patriani, mentora de palestrantes, por ter acreditado e comprado as minhas ideias, ainda que pudessem destoar de modelos convencionais.

Aos mestres de todas essas fases, que contribuíram para chegar esse momento de muita alegria, em que passo a obra aos que necessitam de apoio e conforto, como um dia precisei.

Nos momentos de dificuldade, e não foram poucos, várias pessoas especiais e generosas estenderam as mãos, cederam um olhar compreensivo, um atencioso par de ouvidos, um sorriso silencioso que dispensa palavras ou um abraço afetuoso capaz de curar. Gratidão a todos vocês, que trilharam ao meu lado a insalubre jornada das cinzas ao novo caminhar.

Capítulo 1

Capítulo 1

Transformando sobrevida em vida

Apresento Dr. Smith, um excelente colega de profissão norte-americano, personagem central da obra que está em suas mãos.

Dr. Smith se apaixonou pelo Brasil em sua primeira visita pelo litoral nordestino, ocasião em que nos conhecemos. E quem poderia culpá-lo por tão arrebatadora paixão, se os próprios brasileiros não resistem aos encantos paisagísticos e gastronômicos de nosso belo país?

Fomos apresentados de maneira bem incomum. Um esbarrão na praia de Ponta Verde, enquanto eu fazia uma boa corridinha para me exercitar. Como eu vinha correndo e ele caminhando, quase o derrubei.

— Me desculpe pela distração. O senhor se machucou? Eu sou médico. – disse.

— Não, está tudo bem. Eu também sou médico.

Para me redimir, ofereci ao colega norte-americano uma água de coco. Já estava mesmo no fim da corrida, então aproveitei para conhecer um novo colega de profissão. Foi o início de uma amizade que resultou no livro.

Tivemos muitas e muitas conversas aprofundadas sobre os avanços da ciência e o seu encontro frontal, voluntário ou não, com os avanços das práticas lúdicas, como meditação, gratidão, autoconhecimento, espiritualidade e outros temas antes sensíveis aos mais conservadores.

Comentei com o amigo Dr. Smith que estava escrevendo uma obra destinada a abordar os avanços desse encontro entre ciência e novas práticas. Relatei ao novo amigo que gostaria de levar pequenas doses de ciência aos leigos, amante que sou da educação em saúde.

Confidenciei ainda que gostaria de uma obra simples por essência, de fácil compreensão, porém profunda em reflexões e soluções de ambos os campos, da medicina que aprendi na faculdade e dos novos conhecimentos que me foram apresentados.

Compreensivo e com uma boa sacada, Dr. Smith sugeriu que as nossas tantas conversas fossem incorporadas ao livro, para que as pessoas tivessem acesso às informações de minhas pesquisas, que despertaram a atenção do colega médico.

Farei isso e tomo a liberdade de corrigir textualmente as pronúncias enroladas, a mistura entre os idiomas português e inglês, que o meu amigo amalgamava sem querer, chamando medicina de "medcéna", Jean de "Jeon", "ciência" de "ciôncia", "espiritualidade" de "spiritdady" e por aí vai.

Médico aposentado, Dr. Smith certa vez me disse algo inesquecível, arranhando o português que tentava falar, com pouquíssimo sucesso, transformando a pronúncia de meu nome, Jean, em Jeon.

— Dr. Jeon, a medicina avança numa velocidade que os meus 70 anos bem vividos não dão conta de acompanhar, mas vou dizer uma coisa que você vai saber quando ficar um pouquinho mais velho. Um cientista nunca se aposenta. Eu parei de clinicar e nunca perdi o interesse pelos assuntos da medicina. Hoje, viajo o mundo pesquisando o que os médicos têm feito por aí, as iniciativas, a audácia e sobretudo, fico de olho no trabalho dos profissionais que transcendem a ciência e alcançam novas propostas. Foi o que particularmente me interessou em sua abordagem a respeito da ciência da gratidão.

Isso aconteceu no dia do esbarrão. Do início ao término da obra, vou revelar tudo o que troquei de excelentes conversas com o simpático médico norte-americano setentão.

Gentilmente, Dr. Smith aceitou atuar como um cortês "supervisor" dos escritos e prolongou sua passagem pelo Brasil para me ajudar na proposta que, humildemente, tenho a oferecer a partir destes tantos anos de paixão pela medicina, do encontro entre a ciência consolidada e as novas práticas, do olhar lógico direcionado às exatas e o coração disponível às humanas, pois a ciência um dia tentou se bastar, mas percebeu que todos somos frutos de uma metade explicável, enquanto a outra metade ainda busca explicações.

Naquela tarde em que o sol resolveu se esconder e cedeu lugar a um temporal, fenômeno raro na região nordeste, conversávamos sobre onde e como tudo começou. Dr. Smith, que viajava o mundo todo pesquisando novidades na medicina, queria saber mais do meu projeto.

— Dr. Jean, só tenho algo a pedir, em troca da supervisão. O idioma de vocês é fascinante e nem por isso, fácil de aprender. Enquanto trabalharmos na obra, quando eu disser alguma bobagem, o senhor pode me corrigir e ensinar a verão correta?

— Com muito prazer. Agora mesmo, o senhor disse "verão correta" e o que tencionava dizer é "versão correta".

— Isso mesmo. E diga-me, o senhor realiza o seu trabalho nesse paraíso do litoral brasileiro. Assim me parece que fica até mais prazeroso ser médico. Ou é impressão minha?

— Dr. Smith, a região nordeste é apaixonante a quem vive aqui e a quem visita. No meu caso, de Arapiraca a

Maceió, os caminhos exigidos pelo exercício da medicina têm sido percorridos e vencidos, quilômetro a quilômetro, paciente a paciente, do diagnóstico que revela os males físicos ao diagnóstico que expõe as dores da alma.

O médico estrangeiro ficou pensativo, com um semblante de indagação. Fez um gesto para o lado, com a cabeça, indicando que desejava saber mais daquilo.

— Dr. Jeon, o senhor se refere à alma num contexto abstrato, com o vislumbre a partir da ciência, conciliando a cura do corpo com a cura do espírito, ou numa perspectiva de estudo religiosa?

Foi a minha vez de deixá-lo despreocupado.

— Em diversos pontos, meu amigo, abordaremos temas e práticas ainda incipientes para a medicina, frutos de minhas pesquisas e trabalhos. Mas terei o cuidado de não fazer proselitismo e tampouco questionar a ciência. Somos cientistas e como tal, nos valemos do que está validado, o que não nos impede de seguir pesquisando as novas práticas. A ideia é gerar conscientização, e não convidar o leitor a fazer parte de qualquer corrente religiosa. Por isso, os frequentadores de todas as religiões são bem-vindos a pesquisar os textos embasados pela nossa conversa. Todos podem estar certos de que encontrarão um conteúdo que pretende agregar e não persuadir, acolher e não julgar, amparar e não ditar regras, oferecer novas perguntas e respostas, em vez de inflexíveis certezas.

Com a polidez que lhe era característica, o velho médico dava a impressão de que escolhia suas palavras com cautela. Essas conversas foram uma experiência incrível para mim, por conta das intervenções, perguntas e orientações do amigo de outro continente. Dr. Smith me provocou.

— Ainda assim, é preciso que o seu leitor seja flexível o suficiente para se deparar com o tema da saúde mental e espiritual, ainda que faça isso à luz da ciência, da lógica e do regramento educacional que fez parte de sua criação. Ou não?

— Concordo. Não peço a concordância ou o aval do leitor. Afirmo que o texto fica sob minha responsabilidade e o máximo que peço é o seu coração aberto para ler até o fim.

— Neste caso, presenciando seu respeito aos autores, aceito oferecer os meus 70 anos de vida e ajudá-lo a suplantar a tarefa que vem pela frente. Vamos fazer assim: tenho um compromisso inadiável hoje. Vá contando aos leitores como você exercita a medicina. Podemos marcar para amanhã. Eu passo pelo hospital na hora de sua refeição, a gente verifica como ficou e prepara os próximos passos.

Quando ele não errava a palavra, errava a pronúncia. Neste caso, "até mais" saiu mais uma espécie de "até more". Fiquei curioso e resolvi perguntar.

— Antes que o senhor se vá, quanto ao seu compromisso, precisa de alguma ajuda?

— Não, Dr. Jean (Jeon). É só o encontro com uma médica de minhas relações. – e saiu, apressado.

Uma figura o Dr. Smith. Vou obedecê-lo e cumprir a tarefa.

Resido na cidade de Arapiraca, região metropolitana do agreste nordestino, área central de Alagoas. Minha formação de base foi a medicina, com residência em cirurgia-geral. Até hoje, enquanto traço as linhas da obra supervisionadas pelo médico norte-americano, ainda me dedico como cirurgião-geral do trauma, no Hospital de Emergência Dr. Daniel Houly, referência que atende pacientes de mais de quarenta municípios. Em paralelo, faço parte da educação permanente, que consiste em gerar consciência a respeito da saúde em sua mais amplificada compreensão, por meio de palestras e cursos que promovemos aos funcionários e à população em geral que, segundo a minha compreensão, deve se manter distante da automedicação, mas, ao mesmo tempo, precisa conhecer um pouco mais do corpo, da mente e até mesmo do tema que mais raramente desperta o interesse, a saúde mental e a saúde espiritual.

Durante o mestrado, escolhi para a minha tese o interprofissionalismo e como produto, escolhi gestão e liderança, dois temas fundamentais aos que pretendem lidar com o universo de gerir pessoas e instituições.

Nos cursos que desenvolvemos e aplicamos, a empatia é algo que treinamos com a simulação na sala de emergência. Os participantes se sentem pacientes voluntários, capazes de imaginar a dor que acomete o paciente e seus familiares, do lado de cá, na vida real.

Mantemos ainda projetos na área preventiva, como cursos de autoconhecimento, que geram maior consciência de como agimos e reagimos diante das adversidades da vida. Os participantes compreendem o seu papel no desenvolvimento e na manutenção da sua saúde psíquica, física e espiritual.

Como professor na Universidade Federal de Alagoas, no Campus Arapiraca, tenho o orgulho de ser um dos coordenadores da disciplina de Saúde, Ciência e Espiritualidade, também estruturada por nós, que nos inspira a pesquisar e compartilhar os temas que ampliam o universo da atuação prática dos futuros médicos.

E assim, enquanto escrevia o despretensioso resumo de nosso trabalho em Alagoas, não vi o tempo passar. Parei para almoçar, dei uma cochilada, brinquei um pouco com os meus filhos e parti para o trabalho. Mais tarde, Dr. Smith chegou. Educadamente, pediu para entrar e foi recebido com todo o carinho.

- Deixe-me ver o que o senhor escreveu.

Estendi as folhas manuscritas e enquanto o médico lia, fiz uma pergunta.

- Agora que somos amigos, uma observação: no Brasil, os títulos são deixados de lado no dia a dia e nos tratamos por "você". Poderíamos fazer o mesmo?

Foi aí que Dr. Smith me deu a lição das lições. Ele disse algo relativamente simples, mas ficou gravado.

- Negativo, Dr. Jean. O senhor está escrevendo um livro. É importante que seja médico enquanto opera e enquanto escreve. Com o bisturi em mãos, o senhor é responsável pela vida física. Com a caneta em mãos, é responsável pela saúde emocional de quem lê.

Concordei com a cabeça, em silêncio, um pouco envergonhado. Dr. Smith leu o pouco que eu escrevera para me apresentar e sentenciou.

— É um resumo interessante, Dr. Jean. Senti falta da rádio e da web tv, aquela iniciativa que me contou na praia. Escreva um pouco a respeito disso e pela manhã, volto para dar uma lida.

Tal qual entrou, Dr. Smith saiu. Minha esposa, Mirella, chegou minutos depois, perguntou "cadê ele", mas o colega com certeza já ia longe. Mirella até brincou.

— Faz semanas que seu amigo te ajuda e ainda não o conheci. É um cabra estranho esse médico. Parece fantasma. Do nada, aparece e do nada, desaparece. Eu, hein?

Ofereci um sorriso para Mirella e mais tarde, voltei a escrever, disposto a cumprir o conselho de meu supervisor.

Após o mestrado, ao lado de grandes profissionais, comecei a desenvolver um trabalho de ensino sobre a saúde, com um programa na rádio e posteriormente na web TV, o Papo de Saúde e o Conexão Saúde, criados a partir dos anseios da vida em sociedade. Começamos pelo tema crucial, a qualidade de vida. Com o tempo, os programas alcançaram temáticas que envolvem mente, corpo e espírito, além de assuntos correlacionados ao dia a dia da vida em família ou da carreira.

O pensamento que norteou o início desse trabalho foi o seguinte:

> **"O zelo pela saúde resulta em qualidade de vida e o zelo pela qualidade de vida resulta em saúde."**

Com o interesse e a audiência em crescente número, partimos para discussões sobre depressão, gerenciamento de estresse (que precisei aprender ao enfrentar doenças que enfrentei e relatarei na obra), liderança, empreendedorismo, gestão e diversos assuntos afins, por meio de entrevistas, acompanhado por profissionais que agregam valor à vida do ouvinte.

Nos programas que venho desenvolvendo, mostro aos ouvintes que as doenças emocionais, muitas vezes, são deixadas à mercê, estigmatizadas, relegadas pela sociedade. Seja por meio de palestras, workshops, treinamentos e artigos, tenho alertado a população a respeito desses temas tão relevantes. Chegamos a alcançar mais de 1 milhão de pessoas. Aliás, graças à tecnologia, temos atingido várias regiões do mundo, por meio de entrevistas com diversos profissionais e até colegas médicos que estão no exterior.

Assim finalizo o resumo daquilo que me credencia a escrever a obra. E no dia seguinte, Dr. Smith estava em minha porta, para a sabatina que já se tornava habitual.

— Mirella reclama que nunca o encontra, Dr. Smith. Parece incrível, mas ela sai quando o senhor chega ou chega quando o senhor sai. Três minutos antes, o senhor teria conhecido a turma, ela e as nossas crianças.

Dr. Smith relativizou os desencontros.

— Não tem problema. Uma hora, o senhor apresenta a sua família. – disse ele com os papéis em mãos, conferindo os meus textos. Alguns minutos depois, ao perceber que ele lera aquelas poucas linhas, perguntei se estava no caminho certo.

— Dr. Jean (Jeon), confesso que não sou especialista em produção de livros. O senhor me escolheu como supervisor, porém receio não estar à altura da tarefa. Acho que é por aí. Vou fazer a pergunta que qualquer leitor faria. Com tantas atividades, o senhor dorme em algum momento?

Sorri e respondi.

— Não seja modesto, caro amigo. E sim, durmo muito bem. Sou grato pela qualidade do sono que obtive após encarar as doenças da mente. Antes, não conseguia descansar, mas aprendi a experimentar o sono desde a fase mais leve ao sono mais profundo, que faz o corpo se recuperar.

— Ah, faz muito bem em narrar caminhos para dormir melhor. Eu sou um destes que dormem pouco. Nos EUA, ser insone faz parte do pacote cotidiano. E os brasileiros, de um modo geral dormem bem?

— O senhor não está sozinho. A má qualidade do sono é queixa constante de vários pacientes que me procuram. O ponto positivo é que muitos brasileiros têm desacelerado a pressão e buscado meios para dormir e descansar bem. Existe ainda um grupo considerável que adota a insônia, que a vê com naturalidade, que a compreende como incurável, uma velha amiga, parceira de travesseiro.

Foi aí que meu amigo provou ter conhecimento como produtor de livros.

— O.K., em seguida precisaremos voltar ao "tema-título", para não deixar brechas. Não perguntei por causa da insônia. É que, sei lá, com tantas atividades... – olhou para longe, refletindo e continuou - Enquanto estava mais ativo na profissão, eu não tinha tanto tempo para dormir, para a família, para nada. Nos EUA, o trabalho é mais importante do que qualquer outro aspecto da vida. Achei bacana ver que vocês, brasileiros, são ou têm procurado ser mais quebrados.

— O senhor quis dizer "equilibrados", Dr. Smith, que significa alinhado, enquanto a palavra "quebrado" remete a cansaço ou desarranjo financeiro. E sobre a resposta, nem todos nós procuramos a qualidade do sono e de vida. No Brasil, existem vários Brasis do ponto de vista comportamental. Nas grandes capitais, a maioria é acelerada. No interior mais desenvolvido, o ritmo é parecido com o das megalópoles, embora mais contido. Nas regiões litorâneas, talvez pela calmaria do mar, as pessoas desaceleram um pouco o ritmo, seja no campo pessoal ou profissional e ainda assim, não abandonam o estilo de vida avexado. Por isso, a insônia cresce tanto. Os brasileiros levam os problemas do lar para o trabalho e vice-versa. Muita gente pergunta como eu consigo conciliar uma agenda tão cheia. Atesto, na prática, que nem sempre foi assim.

Tenho por hábito apresentar a rotina da improdutividade como o fruto dos escapes, das fugas. Inclusive, no meu caso, foi uma dinâmica: a improdutividade gerou os escapes e esses escapes me adoeceram. Estava sempre esperando a sexta-feira chegar, pois era o momento de tomar uma e me enganar porque "uma" era simplesmente uma garrafa ou uma caixa com os amigos de fim de semana. No sábado, era o dia da ressaca física. No domingo, a ressaca moral. Na segunda, a ressaca consciencial que me levava a passar mal, a ser avaliado pelos colegas, realizar exames e ficar de repouso na terça-feira. Ou seja, trabalho mesmo acontecia só quarta, quinta e sexta-feira pela manhã.

Depois das pancadas e aprendizados, hoje reconheço que a atividade prazerosa, vinculada ao propósito de existir, feita com amor e gratidão, tal qual a atividade que move a pessoa e a faz tirar o melhor de si, acaba por esticar o tempo e a disposição.

No fim do expediente, a pessoa nem percebe que o dia se foi porque sua energia está a mil. Em resumo, energia destinada a alguma coisa que amamos se repõe com naturalidade, enquanto energia desperdiçada sem vinculação com a missão e os valores, resulta em insônia, estresse e outras doenças que aguardam a oportunidade certa para se alojarem.

— Eu posso complementar? – pediu gentilmente Dr. Smith.

— Pois não.

— Segundo a sua visão, a gestão do tempo que os meus compatriotas tanto valorizam seria um elemento natural que dispensa técnicas?

— Não, Dr. Smith. De forma alguma, desejo passar isso ao leitor. Aprendi muito com os estudiosos e suas técnicas. Posso citar um brasileiro, Christian Barbosa, que me trouxe aprendizados e técnicas. Exorto minha gratidão a ele, cujos conhecimentos e a história dele fizeram com que eu pudesse encontrar o caminho para sair da procrastinação e alcançar o merecido cenário da conquista de sonhos, da compreensão sobre a importância de correlacionar autoconhecimento e gestão do tempo.

—O tempo bem provocado, nesse caso, seria um gerador de qualidade de vida, Dr. Jean?

— O senhor quis dizer "bem aproveitado" e sim, é um grande gerador de qualidade. Me ajudou muito no processo de cura. Trazendo para o presente e avaliando a forma pela qual os meus alunos de autoconhecimento também relacionam a improdutividade com os seus escapes destrutivos, o impacto na gestão do tempo é decisivo para colocar um ponto-final. Fui compreendendo que a pessoa simplesmente encontra, encaixa, administra, valoriza e não desperdiça o tempo assim que o entende como parte da cura. O tempo, Dr. Smith, a meu ver, é o bem mais precioso que existe. Imagine se eu dissesse que tenho uma quantia vultosa para o senhor comprar uma hora do seu dia de ontem. Qual seria a sua reflexão, que hora compraria? Na prática, "o tempo ensina a pessoa a praticar a gestão do tempo", as ferramentas geram a naturalidade que o praticante passa a incorporar, com vontade e esforço, ao seu patrimônio consciencial e aos hábitos diários. Isso me faz lembrar do colega da área médica que cuidou de mim, na época da terapia, Dr. Gerardo Campana.

— O colega Dr. Gerardo também ensina sermão do tempo?

— O correto é "gestão do tempo", caro Dr. Smith. Não, a área do Dr. Campana é outra, mas ele disse uma coisa simples que me lembro até hoje: "não é a quantidade de atividade que se faz, não é a quantidade de horas que se faz, mas a qualidade com que se faz". A partir daí, comecei a colocar o elemento qualidade em minha vida, em tudo: fazer as tarefas, estar presente, meditar, agradecer, dedicar-me de corpo e alma aos novos conhecimentos. Encontrei na qualidade um Jean mais vívido para fazer outras tantas coisas ao mesmo tempo, respeitando os limites corporais que um dia, antes da terapia, não respeitava. Aprendi a compreender e respeitar esses limites e a dizer não, caso seja o meu desejo. Só para concluir, Dr. Smith, respeitando as exceções, às vezes, o que para uns seria retroceder, para outros é crucial, feito um gesto de amor-próprio, como se disséssemos "não, agora é a minha hora de parar, agora é a minha hora de acelerar".

Dr. Smith, tal qual percebi em várias conversas, parecia longe, a pensar em algo que estava a léguas de distância.

— Me parece uma daquelas encruzilhadas, acho que vocês chamam de "beijosemsaúda", algo assim.

— O senhor quis dizer "beco sem saída"?

— Isso mesmo, o instante em que ficamos a pensar o que seria melhor. Parar e colher o resultado da estagnação ou avançar e pagar o preço por não ter parado. O dilema avança até a questão filosófica, não é mesmo, Dr. Jean (Jeon)?

— Pode até suscitar dúvidas. Acredito que não há certo ou errado. A resposta pessoal e o direito de escolher são até mais importantes do que o resultado, pois tem gente que adoece quando acelera demais e outros pacientes adoecem diante do ócio. De minha parte, opto por parar um pouco, em determinados momentos do dia, e quando volto, estou bem melhor, recarregado. Além disso, procuro o caminho do meio, do equilíbrio. Pronto, acho que bom mesmo é perceber esses momentos porque o equilíbrio não é uma linha reta. Tem seus detalhes sinuosos que precisam ser observados sob a pena de adoecer porque o dia a dia cobra seu preço de médio e longo prazo.

— Dr. Jean, daqui a pouco preciso ir embora. Antes disso, deixe-me insistir porque o assunto assim pede. Como o seu leitor poderia fazer esse... digamos, reconhecimento de que está acelerando pouco ou demais em suas demandas? Como ele saberia o momento de dar aquela parada, aquele descanso energético, mental, físico, espiritual?

Foi a minha vez de refletir, a fim de oferecer ao amigo uma resposta digna de seu merecimento e conhecimento.

— Vou responder com base na experiência pessoal. Cabe evidenciar, aqui e no restante da obra, que cada cabeça é um universo, uma sentença e cada ser possui "a sua verdade"; sendo a minha, humildemente, só mais uma. Eu consegui encontrar o equilíbrio através do autoconhecimento. Foi onde pude perceber como funciono além daquilo que o espelho mostra. Até então, eu funcionava numa loucura total, flertando com o descontrole, vivendo a famosa "correria" que as pessoas dizem, cheias de orgulho. Conheço gente que diz "eu estou ótimo, vivendo naquela correria de sempre, sem tempo até pra respirar".

— Isso eu também escuto a todo instante. Parece um meio até insano de se viver, mas eu não duvidaria que alguns são felizes desse jeito. – observou o médico estrangeiro, e continuou com uma orientação - Então seria interessante explicar como o senhor conseguiu, já que "autoconhecimento", no Brasil ou nos EUA, é uma palavra que entrou em moda para explicar que é necessário o resgate do abismo, do despenhadeiro emocional ao qual o paciente estressado ou deprimido acaba sucumbindo.

— Eu também gosto de seus argumentos, Dr. Smith. Faz sentido. Em minha vida, comecei a ver que o tempo bem usado, as pausas estratégicas e a desaceleração me ajudavam a produzir bem mais do que na outra fase, em que eu não observava essas nuanças. Daí, mergulhei no autoconhecimento e emergi com novas ferramentas em mãos. Passei a contemplar os demais e a mim como de fato somos: complexos frutos de um sistema que requer comunicação entre razão e emoção. Comecei a ver o que a minha linguagem corporal sugeria em relação ao que a boca dizia e percebi que existia diferença. Às vezes, me surpreendia dizendo que estava feliz com uma situação, mas o corpo me contrariava. O saldo disso foi ter percebido o direito de me permitir a contemplação daquilo que vem de dentro, da essência, tanto nossa quanto do outro. A meditação foi fantástica para alcançar esse patamar. Por exemplo: dizer que "está na correria" pode ser mera força de expressão ou uma contumaz afirmação que valida o estilo de vida da pessoa, sendo que talvez ela nem perceba, dado o fato de que a correria virou "o normal". Se isso acontecer, a saúde tende a seguir ladeira abaixo.

— Não foi à toa que nos tornamos amigos, Dr. Jean. Aprecio o seu jeito de ver as coisas. Medicina, para mim, é exatamente isso. Podemos ajudar na cura do paciente dos sintomas à causa, mas a raiz da causa é traiçoeira como a hipertensão; adoece em silêncio, sem pressa, aos poucos e com requintes de crueldade. Quando o paciente a descobre tardiamente, está na hora de mudar todos os hábitos ou arriscar seu bem mais precioso, a vida.

— É bem por aí. Muitas vezes, a pessoa não repara quão nocivo pode ser o ritmo que adotou para a sua vida, não repara que está correndo mais do que o necessário ou menos do que a vida espera. Correndo como se atleta profissional fosse, durante o dia a dia, sem pausas, sem períodos de descanso, sem prestar atenção em um recurso importante que defendo com frequência, a respiração.

Dr. Smith cofiou sua barba branca impecavelmente aparada que segundo ele, preservava desde os tempos de faculdade. E respondeu.

— Dr. Jean, acho que entendo a sua preocupação. Por ser um mecanismo químico e espontâneo, comandado por pulmões que só têm a utilidade de fazê-la acontecer, o senhor insinua que o ser humano não presta atenção em sua respiração?

— Mais do que isso. Vamos pensar primeiro na ciência. Se a respiração está numa cadeia biológica de reações químicas, temos o ciclo de produção de energia fazendo seu papel metabólico, que é o Ciclo de Krebs. O ser humano necessita de glicose e oxigênio. Podemos reconhecer que é a coisa mais tola do mundo e por isso, as grandes descobertas da ciência "residem" nessa coisa tola. Resultado, sem respirar, não se adquire oxigênio e ato contínuo, não se tem combustível necessário à produção de energia. Se a pessoa diz que "está na correria", "sem tempo", afirmando que "o dia deveria ter 48 horas", isso a leva a pensar que está "na luta". Costumo até ilustrar o MMA em minhas palestras, questionando os presentes se cada um não estaria agindo como se a vida fosse uma luta no octógono (musculatura rígida, rosto expressando ataque, pressão sanguínea a mil), e vale destacar que essa reação pode acontecer no momento que a pessoa está em casa, no momento familiar. Já atendi muito paciente cuja vida mais parecia uma maratona, o que me leva a perguntar: isso poderia ser saudável?

— É uma boa discussão e sugiro que a mencione em seu livro, Dr. Jean. Pensando na comparação que ofereceu, o próprio estado de espírito da pessoa estaria em posição de combate a todo tempo, "nêo"?

— O senhor quis dizer "né".

Não consegui evitar o riso diante da pronúncia do amigo norte-americano. Eu gostava de ver o esforço de Dr. Smith para aprender as gírias, contrações e manias de nossa língua.

— Dr. Smith, é comum criar vínculos entre as coisas que a pessoa acredita (suas crenças). Em diversas situações, o paciente não tem qualquer problema respiratório, diz que está levando a vida numa boa, sem correria, porém a respiração ofegante denuncia o contrário, sugere que está correndo, na luta, como se armado estivesse para uma batalha que é mais fantasiosa do que verdadeira. Então, é a história da ação e reação. A reação ao estresse, à ação de fuga e à persistente luta, que pode gerar algum dano. Após o mergulho no autoconhecimento, na prática da meditação, comecei a perceber a linguagem do corpo, sobretudo a respiração, que às vezes mostra ao médico uma realidade diferente da linguagem verbal, embora o paciente nem perceba a diferença, envolvido que está em todo o processo.

O médico anotou algo em seu caderno e perguntei do que se tratava o apontamento.

— Acabei de anotar que preciso pesquisar mais essa matéria. Mediquei a vida inteira sem pensar nessas questões, Dr. Jean. Como o senhor contempla a melhora de um quadro dessa natureza?

— Entendo que é preciso abrir, expandir o campo, admitir que tem um *gap* a enfrentar, dar-se conta de que vive uma realidade destoante do que supõe e em alguma medida, prejudicial. Após admitir, vem a necessidade de se conscientizar a respeito da proporção do dano, que pode começar por um aborrecimento, avançar até a depressão e se transformar numa doença ainda mais grave. O ideal é que a frase "agora, vou ter que dar um basta nisso", tão recorrente dentre os que sofrem os reveses da saúde, entre na mente e no coração o mais cedo possível, de preferência preventivamente.

— Meu amigo, "a-dôwnei". Por hoje, preciso ir embora. Continue a narrativa e siga nessa linha. Vai ficar bem... como vocês dizem mesmo? Lérgoud!

— O senhor quis dizer "adorei" e em seguida, "legal", Dr. Smith. – e ambos rimos da dificuldade dele. Fechei a porta e Mirella, minha esposa, chegou após cinco minutos. Pelo meu olhar sarcástico, ela foi logo percebendo e disse ao bom estilo nordestino:

— Pera aí, deixa eu adivinhar. O médico acabou de sair?

Acenei que sim com a cabeça e ela riu ao seu estilo.

— Ôxe, dia desses, vamos marcar um jantar. Aí quero ver se o Dr. Smith escapa de me conhecer. Falando nisso, mô, você e Dr. Smith conversam tanto que me pergunto de onde vem tanto assunto. Daria um livro, hein?

Mirella não sabia ainda da minha intenção. Era uma surpresa em curso e eu me movimentava para transformar as conversas entre o médico brasileiro e o supervisor, o médico norte-americano, numa coletânea de soluções para a saúde física e mental. Após a saída dele, Mirella, que passara por ali só para dizer um oi, também partiu. Continuei a refletir e resolvi permanecer debruçado sobre a construção.

Como toquei no assunto depressão, defendo que a maioria das pessoas descobre tarde demais. A depressão tem esse papel de fazer da sua vítima o marido traído, o último a saber. Posso falar com muita propriedade, porque conheço um paciente que descobriu a depressão tarde demais, alojada nos recônditos da inconsciência, eu.

Mais à frente, vou compartilhar como venci a depressão e a síndrome do pânico. Por enquanto, posso antecipar que já estava com doenças emocionais instaladas quando afinal descobri que a depressão havia cercado minha vida. Precisei enfrentar os agravantes, como os estigmas sociais e os rótulos pessoais em relação às medicações.

Por exemplo, na região onde resido, ainda se preserva grande estigma quanto a se tomar medicações controladas (muitos consideram coisa de doido). E precisei encarar a medicação em favor de minha profissão, de meu futuro, de minha vida.

Foi uma das questões que me motivaram a escrever. Vivendo a profissão de cirurgião, operar alguém era extremamente gratificante. Sabia que os meus esforços poderiam ajudar a recuperar o paciente. Em contrapartida, no fundo sabia que precisava cuidar dos males em curso, pois as mãos que operavam eram hábeis, mas a depressão tomava espaços que poderiam me afastar, me desconcentrar ou me impedir e isso, eu não permitiria.

O avanço da tecnologia direciona o ser humano a viver cada vez mais. Enquanto isso, a ciência nos mostra que a prevenção ainda é, por mais óbvio que pareça, a melhor estratégia para a longevidade que permita ao ser humano viver mais do que uma sobrevida tolerável: que ele tenha, simplesmente, vida e de preferência, repleta de qualidade e gratidão por ter chegado até ali.

Mais experiente, que tenha saúde física e emocional para viver um novo começo, uma espécie de renascimento. Afinal, merecemos. É o que desejo no plano de minha vida, de meus amigos e familiares, de meus pacientes e leitores, de meus clientes da área corporativa. Lembre-se de prestar atenção ao modo como respira, fator-chave para um dia a dia de ação e reação, que vai resultar em celebração ou lamento.

> "Precisamos de oxigênio como combustível para a produção de energia. No entanto, a respiração se altera devido ao estado ansioso da sociedade moderna, algo que cada ser humano tem o poder de mudar a partir de si."

Espero que a minha busca encontre a sua, para que tenhamos qualidade de vida e adiante, no lugar de sobrevida, tenhamos felicidade. Vamos em frente, juntos, pois muitos assuntos exigem nossa atenção...

Capítulo 2

Capítulo 2

O papel da gratidão como elemento curativo

A ciência comprovou que a condição genética gera predisposição para as doenças; o que explica, em tese e na prática, que alguns sejam dotados de uma condição física já no ato do nascimento, enquanto outros precisam estar atentos para não ativarem o que costumo chamar carinhosamente de aplicativo das doenças (predisposição genética).

É o fator de propensão, ou seja, o paciente não manifestou aquela doença, mas há chances reais de tê-la instalado em algum momento da vida. Por isso, muitos pacientes fazem a seguinte questão: é regra que os filhos terão os mesmos males do que os seus familiares? Não.

O fator propensão existe e deve ser considerado? Sim.

Por outro lado, vamos entender os fatores epigenéticos, pouco difundidos no meio acadêmico, que são reconhecidos como mudanças na expressão do DNA, que se altera sem mudar o seu código genético. Um bom exemplo é o meio em que se vive e que pode fazer uma diferença enorme: a criança educada num ambiente perturbado emocionalmente, que cresce sem afeto ou disciplina, vendo os pais comendo sem limites. Provavelmente, a criança vai ter problemas com a balança.

O ambiente gera uma propensão neurológica, como se a criança já esperasse a doença, cogitando uma questão "quando" e não "se". Combine-se a propensão teórica com a alimentação desregrada, pouco ou nada de exercícios físicos e num passe de mágica, as condições do meio, do dia a dia, fazem aumentar a propensão ao desenvolvimento da obesidade. Da propensão à instalação da enfermidade, o salto é tão possível quanto provável.

Isso me motivou a criar esses programas, artigos e agora, até mesmo um livro para deixar ao público um ensino, um resumo da educação sobre a saúde em várias contemplações e práticas, da razão à emoção, da lógica ao intangível.

Por iniciativa, tendemos a procurar a educação que dê retorno à carreira, ao relacionamento amoroso e familiar, ao que acontece no mundo e principalmente, ao bom futuro profissional e financeiro que todos merecemos.

Já a educação que dá retorno para a saúde, a qualidade de vida, o bem-estar físico, emocional e espiritual, não despertam o interesse da maioria de nossa população.

Para a ciência, entre 80 e 85% das doenças cardíacas, as que mais matam no mundo; e as doenças crônicas, que incapacitam a nossa qualidade de vida e de relação, são passíveis de prevenção. Na prática, veja que interessante, significa que se todos se prevenissem, teríamos uma redução enorme nas complicações e intervenções em saúde que geram o caos que vivemos hoje em nossos hospitais. Em outra reflexão semelhante, vale lembrar que a maioria dos acidentes de trânsito, realidade que me é familiar por causa da missão como cirurgião-geral, também pode ser prevenida. As estatísticas da Polícia Rodoviária Federal a respeito das causas de acidente estão a todo instante na imprensa. Se o leitor não acredita na PRF, posso avalizar essas informações. Atuando na prática, passei a constatar que os casos mais graves dos acidentes de trânsito tinham a combinação entre o álcool e a direção. É uma realidade triste e inescapável, que me obriga a perguntar: até quando deixaremos de prevenir essas atrocidades?

Enquanto providenciava essas reflexões, escutei batidas na porta. Desta vez, o encontro com o supervisor seria em minha casa. Chegou o Dr. Smith e fui atendê-lo.

— Me desculpe, Jean (Jeon). Demorei um pouquinho porque tive problemas com a amiga que estou ajudando, aquela médica com quem me encontro em certas ocasiões.

Fiquei curioso e resolvi indagar.

— A sua amiga tem uma demanda parecida com a minha?

Dr. Smith assentiu.

— É sim. Em poucos dias, me tornei supervisor de dois autores cheios de informações boas. Estou ajudando-a a escrever um livro a respeito de, como se chama mesmo a expressão no Brasil, "questões existencious".

— O senhor quis dizer existencial.

— Isso mesmo. Vamos trabalhar? Posso dar uma lida?

Deixei o amigo apreciando a obra e fui atender o interfone. Imaginei que fosse Mirella.

Poxa, que legal, finalmente ela vai conhecer o Dr. Smith. – pensei.

Fui até a porta. Era o vizinho, perguntando se o meu convidado poderia tirar o carro da vaga de sua garagem. Pedi que esperasse e voltei ao meu amigo.

— Dr. Smith, meu vizinho está pedindo para tirar o carro que está parado em frente à garagem dele. É seu?

— Carro? Não. Eu detesto dirigir. Prefiro o "taquexís" que vocês usam.

— O senhor quis dizer táxi.

— Isso mesmo!

Não pude deixar de pensar nisso. Em quase todas as vezes que eu ajudava meu atrapalhado amigo, ele respondia "isso mesmo". O vizinho, que esperava à porta, me tirou dos pensamentos.

— E aí, vizinho, é pra hoje, homi? Deixa de dar massada[1]!

Aquele era o mais chato de todos os vizinhos. De início, eu o tolerei. Agora sabia que o meu convidado não invadira o seu espaço.

— Vizinho, sinto muito. O carro que te importuna não é daqui. Estou com uma visita, mas ele não veio de carro.

— Humpf. – grunhiu e deu as costas, sem dizer nada. Era mesmo um grosseirão.

Quando voltei, o semblante de meu supervisor parecia satisfeito.

— Está muito bom, Dr. Jean. Gostei da abordagem e de como resumiu as possibilidades. Admito que passei só para ver o seu progresso. Vou ter que retornar e ajudar a amiga, que está num dia complicado. Se o senhor não se incomoda, gostaria de sugerir que explicasse um pouco mais, ainda nesse capítulo, a respeito dos fatores epigenéticos e que os relacionasse com a gratidão, como o senhor me apresentou na conversa que tivemos, outro dia. O que acha?

— É uma ótima dica. Obrigado, Dr. Smith.

Estendi a mão para agradecer, mas ele já tinha passado pela porta. Me lembrei de ter lido em algum lugar que os norte-americanos não costumam se despedir.

Em meus trabalhos, procuro unir o fator acadê-

1 Em algumas regiões do Nordeste, "dar massada" significa "enrolar", "demorar".

mico, a ciência, com a própria evolução científica. Acredito que passamos, dentro da educação e da saúde, por esse processo de evolução científica.

Cada vez mais, trabalhamos com nossos alunos por meio de metáforas. Por exemplo, imaginemos dois médicos com propensões genéticas para as mesmas doenças: pressão alta, diabetes e depressão.

O primeiro trabalha num setor durante oito horas diárias. O seu superior tem formações em liderança e estimula um ambiente equilibrado, incentiva a atividade física de seus colaboradores, a nutrição e o controle de peso, o crescimento profissional dentro do setor e acima de tudo, compreende e acolhe esse colaborador nos momentos de dificuldade, com uma escuta amorosa que propõe soluções equilibradas.

O segundo trabalha num setor insalubre. O seu superior é do tipo que cobra, humilha e não fornece nenhum tipo de programa de crescimento pessoal ou profissional. Não bastasse isso, todos comem em *fast-food* nos três horários. O ambiente é uma verdadeira loucura. Vale a pergunta:

Dentre os dois médicos, qual está mais propenso a ativar essas doenças?

É obvio que o segundo cenário se mostra desafiador e ainda faz parte da realidade nacional. No entanto, se não entendermos que esses cenários podem influenciar em nossa saúde e qualidade de vida e ficarmos inertes, como se diz no interior, "vendo a banda passar", seremos tomados de surpresa quando a doença chegar.

Vou pedir licença ao leitor para compartilhar uma informação técnica relevante e logo em seguida, no outro parágrafo, voltaremos para a narrativa simples. Em total transparência na relação autor-leitor, assim farei em toda a obra. Quando for necessário transmitir alguma informação que traga o jargão médico, avisarei e informarei em poucas linhas, pois quero dedicar todo o cuidado para que a obra não fique chata aos que não fazem parte da comunidade científica.

No tempo em que a primeira edição dessa despretensiosa obra vem a cargo, o ano de 2019, várias são as fontes de publicação científica que advêm das áreas de saúde, da espiritualidade e da qualidade de vida. Cada vez mais, abre-se espaço para os fatores como a epigenética e outro que gostaria de citar, a psiconeuroendocrinoimunologia, outra das ferramentas que uso bastante para me basear e avaliar as relações entre comportamento e sistemas nervoso, endócrino e imunológico do corpo humano. Alguns conhecem como psiconeuroimunologia, porque trata dos fatores psíquicos, atuando ou mudando a imunidade e o sistema endócrino.

A partir dos avanços, passei a ser um dos estudiosos do tema e de volta ao linguajar do povo, vou revelar uma curiosidade. Uma das ferramentas mais efetivas que uso em meus trabalhos é a gratidão. Por seu intenso poder de ação e reação, é aliada do tratamento médico e recurso do paciente.

Somente na PubMed, um dos maiores espaços digitais de literatura biomédica, há mais de mil artigos publicados que abordam a gratidão. Isso prova irrefutavelmente que o número de colegas pesquisadores dedicados ao tema é maior do que a vã filosofia conservadora poderia imaginar.

Na prática, gratidão é uma emoção sem envergadura científica e por isso, foi ignorada e relegada aos espaços religiosos, a tal ponto que os médicos mais conservadores condenavam seus colegas dispostos a um olhar mais aprofundado a respeito dos efeitos da gratidão.

Para a sociedade e a ciência, afortunadamente, a percepção dos cientistas ganhou abrangência e mesmo os mais tradicionalistas passaram a considerá-la. Como poderiam resistir aos convincentes estudos que demonstraram a gratidão atuando em áreas como o córtex pré-frontal, melhorando o estado de discernimento moral, da tomada de atitude, do equilíbrio emocional?

Há trabalhos que apontam a gratidão até mesmo como elemento para a melhora da dor e o enfrentamento das doenças. Controvérsias respeitadas, não se pode negar que a gratidão tem potencial de amenizar e até melhorar o quadro clínico, além de prover o sucesso na carreira, a melhoria nos relacionamentos e a qualidade da compreensão íntima.

Após tantos estudos viabilizados por uma respeitável linhagem de profissionais disposta a avaliar o tema da gratidão, através de questionários, o tema foi impulsionado e existem estudos sob a ótica endocrinológica e imunológica, ou seja, dosando substâncias químicas para "ver" os efeitos da gratidão.

— Voltei.

Levantei a cabeça e da janela, meu supervisor acenava. Fui abrir a porta.

— O senhor voltou com rapidez.

— Ah, Dr. Jean, sabe como são as crises "existencious". Exigem atenção imediata, porém algumas palavras e um conforto bastam. Sua esposa está?

— Não. Hoje, Mirella chega um pouco mais tarde. Está ansiosa para conhecê-lo.

— Uma hora dá certo. Vamos ao livro. Posso dar uma apressada?

— O correto é "dar uma apreciada", caro amigo.

— Isso mesmo.

Passei os manuscritos e o velho médico imediatamente começou a ler, cofiando a barba de vez em quando. Percebendo que fiquei esperando, ele me deu o que um subordinado chamaria de bronca, mas eu entendi como uma ajuda.

— Dr. Jean, inspiração não é algo que vem e vai. O senhor estava escrevendo quando cheguei. Não pare por minha causa. Enquanto produz, vou lendo esses argumentos.

Concordei e vou continuar, até que ele me chame. Repare que até mesmo a dinâmica de nossas conversas é compartilhada porque acho importante demonstrar como foi a edificação do conteúdo.

Para o campo da psicologia, de uma forma empírica, estudos foram realizados com base em questionários que têm validação. Já a ciência decidiu avançar, dosar substâncias, conferir os exames de ressonância cujas imagens permitiam ver áreas reagindo a diferentes emoções. Ou seja, é a visão nua e crua das emoções como raiva e gratidão ativando outras áreas do cérebro.

A partir de uma correlação entre os estados emocionais, ativando áreas do sistema nervoso central, tem-se a atuação química, o que explica o interesse da ciência pelo tema, ainda que seja um interesse incipiente, observador e cauteloso.

— Me desculpe interromper, Dr. Jean. Só uma observação. Gostei de o senhor ter explicado ao leitor o momento em que deixaria o texto simples para invadir um pouquinho que fosse o terreno científico. Isso é respeitoso. – e olhando para os escritos, continuou. – só tome cuidado com os temas, hein? Não queremos que o leitor em tratamento abandone os remédios e saia por aí agradecendo e imaginando que está curado. Correto?

— Eu ia mesmo falar disso agora, Dr. Smith.

— Isso mostra que estou atropelando seu processo

de criar, meu amigo. Vou dar uma saída. Pense também em explicar ao leitor os motivos que levam o médico conservador a manter-se como tal. As razões desse profissional merecem o nosso respeito. Volto amanhã para conferir o restante. Antes que eu me esqueça, isto é para a sua esposa e as crianças. – e me entregou a sacola de uma famosa chocolataria.

— Poxa, muito obrigado, não precisava se incomodar.

— Eu sei e vou te ensinar uma coça que aprendi com a idade. Nunca se deve presentear alguém porque precisava. É o tipo de gesto que requer outro verbo. Em vez de need, want. Ou como dizem, em vez de precisar, "queror".

— O senhor quis dizer "ensinar uma coisa" e em seguida, "querer".

— Isso mesmo. Sua língua é muito difícil. Quando aprendo a dizer "eu queror", descubro que o certo é "eu kiss", mesmo que eu não esteja falando de beijo. Mas vou indo, estou "atruapeinding". Siga nesse caminho, está indo muito bem!

Antes que eu pudesse dizer que o certo é "atrapalhando" e que o amigo nunca me atrapalhava, no rápido instante em que me virei para guardar a sacola de chocolates, Dr. Smith havia partido.

Ô mania de ir embora sem falar tchau. – pensei, rindo.

Vamos em frente. A medicina jamais vai sugerir a troca de necessários medicamentos por exercícios de gratidão. Não se trata disso, mas uma coisa não muda a outra. Que não substitui, é fato inconteste e ninguém deve fazê-lo. Em contrapartida, a ciência avança, com o óbvio e necessário respeito aos protocolos.

O próprio exercício físico foi contemplado pela medicina de duas maneiras ao longo dos tempos. No passado, a atividade física era a primeira linha de recomendação. O médico dizia "vamos fazer medidas preliminares e ver se você consegue controlar a pressão arterial. Diminua o sal e faça atividade física. Em caso de reequilíbrio, ótimo. Senão, a gente entra com a medicação".

Esse olhar mostrava a atividade física sendo avaliada como método preventivo. Hoje, a recomendação de renomadas sociedades médicas norte-americanas, contempla a atividade física como uma recomendação que impacta a curto e longo prazo em muitos tratamentos, contrariamente ao que se pensava nos séculos anteriores, em que a tradição era repouso absoluto, independentemente da enfermidade.

Em outras palavras, a prática preventiva passou a ser usada no protocolo de recuperação. Quem poderá afirmar que não ocorrerá o mesmo com outras medidas integrativas, no futuro?

É evidente que se trata de um caminho longo e cheio de adversidades, fato que é muito salutar, porque necessitamos de evidências que possam levar a população sobre o terreno mais seguro possível, a fim de não caírem nas armadilhas dos que tentam se aproveitar.

Cada enfermidade demanda certa peça-chave para prevenção e tratamento, o que possibilita ao médico um arsenal científico e integrativo. Não poderia ser diferente. Uma sociedade que conquistou o aumento da expectativa de vida não se bastaria com a ciência, tampouco com as medidas integrativas. Da criança ao adolescente, do adulto aos mais velhos, precisamos de tudo o que a medicina possa oferecer, num primeiro plano já protocolado e num plano de pesquisas a homologar. Precisamos, por isso, de tudo o que a medicina possa absorver com os novos protocolos.

Como a gratidão é uma medida integrativa, pode ser que no futuro, com mais avanços nas pesquisas e nos estudos práticos, outras possibilidades venham a surgir no tratamento de determinadas doenças.

O que posso afirmar, dotado de certeza por se tratar de uma experiência pessoal, é que a gratidão ajuda demais e utilizo a ferramenta com sucesso no ambiente de trabalho, onde ministro treinamentos. Uma vez que um dos hábitos mais incorporados no comportamento de trabalho é a reclamação, a gratidão se torna um antídoto quase natural.

No todo, vejo que o cientista está mais flexível para o período evolutivo, em comparação com uma época em que a própria ciência (e não o cientista, num plano pessoal) era mais reticente e rígida.

As novas nomenclaturas integrativas suplantaram a antiga "medicina alternativa" e não mudaram um fato: desde os avanços da psicologia, dos estudos comportamentais aos humanistas, alcançando o plano transpessoal, que abre o campo, tudo vem mudando favoravelmente.

Portanto, a sociedade presenciou estudos científicos, observacionais, comportamentais e humanistas. A partir de Ken Wilber, criador da Psicologia Integral, teve início a discussão mais ampla, transpassando as fronteiras do corpo físico.

Na analogia histórica, o avanço norte-americano de avaliação das escolas implantava um modelo extremamente biológico, tal qual a gente conhece hoje, fragmentado, que nos ajudou a ver o ser humano em fatias, em pedaços. Foi o que nos garantiu as especialidades.

Ora, estamos falando de algo semelhante ao que aconteceu com a Física, que foi se partindo em pedaços pequenininhos. A partir daí, fragmentando o indivíduo em partes cada vez mais específicas, chegamos a um momento crucial da história da humanidade, que deixou um desafio no ar, tido por muitos como impossível, fragmentar o DNA.

Os movimentos exploradores sempre existiram, como se pode perceber. Foi assim que avançamos até o Projeto Genoma.

Numa das reviravoltas típicas das mudanças macro e micro, eis que começa talvez a ganhar força a integração do ser humano, agora contemplado outra vez como parte de um todo. Então, se começa a olhar para a clínica ampliada, um movimento ainda experimental, apesar de beirar duas décadas, o que é natural porque se leva tempo para mudar uma formação de cultura.

No ano de 1988, o Dr. Brian Weiss encontrou dificuldade dentre os acadêmicos para conseguir alguma credibilidade quando revelou a experiência com sua paciente, que se tornou a personagem Catherine em sua obra "Muitas vidas, Muitos Mestres". Se o psiquiatra tentasse fazê-lo em 2019, ainda encontraria resistência. Assim dito, não estou sugerindo ao leitor que imagine a comunidade científica de braços abertos para todas as propostas ainda consideradas não científicas. O que se pode notar, decerto, é mais flexibilidade. Tão e somente uma questão de ponto de vista, não há ninguém a ser acusado e tampouco culpado por nada. São tempos de mudança, resistência e avanços, com protagonistas e coadjuvantes da ciência ou de áreas correlatas, que estão aprendendo a conviver e trocar.

Eu sinto que é gratificante ver jovens e experientes médicos, pais e filhos que participam dessas propostas não científicas e são tocados por algo que não conseguem explicar, mas começam a mudar, passam a ampliar seu campo de visão e foco.

Aos poucos, as comunidades científicas asiática e norte-americana também haverão de gerar a sua contribuição para a abrangência da visão científica, a partir dos trabalhos realizados em diversas faculdades. Além dos esforços praticados nesses dois continentes, movimentos pelo mundo inteiro rumam no sentido da expansão de opções e visões.

Respeitando o ponto de vista de meus colegas médicos, pensemos: se a medicina ayurveda, a mais antiga ciência da saúde, tem sete milênios e ainda encontra resistência, podemos compreender a lenta velocidade de aceitação das medidas integrativas que nasceram entre os séculos XIX e XXI.

Como sociedade organizada, temos que agradecer por tudo o que foi conquistado e agregado aos recursos científicos disponibilizados. Aos poucos, as coisas mudam, os cientistas testam, novas matérias são defendidas, aprovadas, protocoladas, reconhecidas. O saldo disso tudo é que sai ganhando cada ser humano que busca uma vida melhor. E que não se critique a velocidade da ciência. Pode não ser galopante, porém é repleta de preocupação e ternura. O excesso de testes nos quais a ciência investe tempo, dinheiro, talento e pesquisas é uma prova de amor em relação aos pacientes e às novas gerações. É como sempre digo...

"O carinho é minha essência. A ternura, meu princípio. O amor, minha base."

Capítulo 3

Capítulo 3

Sem família, não há sucesso

Eu e Dr. Smith ficamos de nos encontrar somente de segunda a sexta-feira. Na tarde daquela sexta-feira em que escrevi os últimos textos, um motoboy tocou o interfone. Fui atender e recebi o envelope que continha um bilhete dele.

"Caro amigo Dr. Jean, amanhã, sábado, vou tomar café da manhã na praia de Ponta Verde, às 8h. Se couber em sua agenda, venha tomar café comigo e traga os últimos textos para discutirmos o avanço da obra. Saudações, Dr. Smith".

Eu não conseguia entendê-lo. Com tanta tecnologia disponível, Dr. Smith não tinha celular. Uma vez perguntei sobre isso e recebi uma resposta bem inusitada.

— Dr. Jean, quando parei de clinicar, eu tinha três aparelhos de celular, não dormia quase nada e cheguei a emendar plantões de sete dias, acessível a qualquer dia e hora, vivendo numa corrida contra o tempo, numa luta inglória contra a morte que muitas vezes venceu e levou vários pacientes meus. Assim que parei, decidi que nunca mais teria relógio ou telefone celular. Não é aversão à tecnologia. É uma estratégia de blindagem. Hoje, exerço a melhor medicina do mundo, aquela que me permite ir aonde quero, fazer o que gosto e ajudar como posso.

Foi uma resposta arrebatadora. Não ousei questionar mais nada. Quando Mirella chegou em casa, falei do novo compromisso.

— Meu amor, Dr. Smith me convidou para tomar café da manhã em Ponta Verde. Vou dar um pulo até lá. Ao retornar, pegamos as crianças e vamos passear. Pode ser?

Mirella me olhou meio pensativa, e respondeu com o sorriso compreensivo que eu tanto aprecio.

— Não vejo problema. Agora, cá entre nós, a conversa entre vocês nunca é rápida. Seria melhor nem prometer nada para as crianças.

Na manhã seguinte, a caminho do hotel, parei um instante para contemplar o oceano esverdeado e esplendoroso de Maceió. Fiquei ali por uns dez minutos, hipnotizado pela areia clarinha em contraste com os viçosos tons de verde do mar alagoano, enquanto a brisa fresca afagava meu rosto. Agradeci por estar vivo diante daquele cenário de ares caribenhos e segui para o hotel, a fim de encontrar o amigo.

Saí cedo de casa e por isso, cheguei antes de meu anfitrião.

— Bom dia, Dr. Jean. Obrigado por ter vindo! – escutei a voz familiar e me virei para saudar Dr. Smith. – Vamos à leitura. – e assim dizendo, gentilmente pegou os papéis de minhas mãos.

O médico sentou-se e ficou lendo em silêncio, enquanto bebericava seu café puro, sem açúcar. Esperei pacientemente, até que ele fez uma careta indecifrável e se manifestou.

— Acho que o senhor pode aprofundar as opiniões, Dr. Jean. Percebo um tom conciliador e sou favorável porque é o seu estilo. No entanto, gostaria de sugerir que não tema clarificar o seu posicionamento. Não estou aconselhando que seja antagônico ou crítico em relação a este ou aquele grupo, só que procure o equilíbrio entre formar opinião, gerar crítica e ofender os pares. Tenho cerveja de que conseguirá.

— O correto é "tenho certeza", meu amigo. E o senhor acha que pisei leve demais no acelerador das minhas opiniões?

— Negativo, Dr. Jean. Sua abordagem está aprofundada na medida certa segundo a sua vontade de endereçá-la ao público em geral, e não à comunidade científica. O senhor está utilizando uma linguagem simples, agradável, sem aquelas maçantes citações comuns dos trabalhos científicos. Percebi que em alguns trechos, o tom conciliador poderia dar lugar ao tom opinativo sem ofender pessoas ou grupos que pensam de maneira diferente. Compreende?

— Compreendo e agradeço!

— Só os trechos de meditação e do gerenciamento do estresse, a meu ver, merecem uma atenção especial. O que pode complementar?

— Bem, lá na frente quero compor um capítulo inteiro sobre gerenciar o estresse e outro sobre meditação. Vou dar uma prévia. Em algum momento, o tema se consolidou. Hoje, o empresário pode levar meditação e gerenciamento de estresse aos seus colaboradores porque a ciência reconhece os benefícios. Há oito anos, tenho pesquisado a matéria no Brasil, estudando os trabalhos que o grande cardiologista, inclusive seu compatriota, Dr. Herbert Benson, tem realizado na Harvard Medical School. Percebo que a estratégia de filtrar a matéria e abordá-la com especificidade funciona bem melhor para formar opinião e foi o que Dr. Benson fez para despertar a atenção dos nossos colegas mundo afora, cientificando um movimento de qualidade de vida muito forte, crucial para uma população que vai envelhecendo cada vez mais.

Dr. Smith fez um gesto com a mão, pedindo uma pausa para argumentar.

— Durante as muitas leituras que fiz a respeito dos conceitos sociológicos que envolvem a América Latina, me recordo de ter acompanhado o fato de que há poucas décadas, o brasileiro tinha expectoração de vida bem menor. – observou Dr. Smith.

— O correto é expectativa de vida, meu amigo. Nosso país viveu dificuldades com as epidemias, as doenças congênitas, o saneamento básico, cuja falta perdura em pequenos municípios e vilarejos. Não bastasse isso, as políticas públicas de saúde precisavam de uma repaginada e a medicina que praticávamos por aqui demorou para acompanhar os avanços europeu e norte-americano nos quesitos tecnológico, químico e farmacológico. Com a evolução em cada um desses departamentos, ganhamos mais vida e sobrevida.

— E quanto mais vida, maior a necessidade de "qualidóti" de vida.

— O senhor quis dizer "qualidade de vida" e sim, está certinho. A população vai envelhecendo e as práticas do ganho da qualidade passam a ser indispensáveis para evitar a chegada precoce da sobrevida. Então, em meio a tantas necessidades complexas, surge o gerenciamento de estresse, matéria que pesquiso e amo, cujo propósito é deixar o ser humano afiado para os movimentos longevos. Ninguém deseja chegar à maturidade e se deparar com o enorme número de patologias emocionais e físicas que vagam pelos continentes, letais e insistentes, sem distinção de raça ou classe social. Só a população depressiva ultrapassa

300 milhões de semelhantes perdidos que procuram um norte emocional. Nem todos encontram, nem sempre essa bússola rompe a fronteira da desinformação e do preconceito.

— Dr. Jean (Jeon), nos Estados Unidos vivemos tempos em que o paciente lota o consultório dos cirurgiões plásticos, procurando um reparo aqui, um silicone ali, um preenchimento acolá. Em contraponto, se por fora existe a preocupação estética, o paciente nunca esteve tão doente por dentro, com as emoções assaltadas por depressão, burnout ou síndrome do pânico. O canário contemporâneo está parecido por aqui?

Acabei de mastigar o meu pãozinho, ri um pouco e respondi.

— O senhor quis dizer cenário, Dr. Smith. Para nós, canário é um pássaro, por sinal lindo, amarelo, de traços avermelhados e um belo canto. Com relação ao tema, a realidade brasileira é parecida. Por aqui, o nosso paciente ainda enfrenta um agravante cultural, um tabu que devagar vai sendo vencido, ainda enraizado em várias regiões, que é o velho costume de associar psicólogos e psiquiatras exclusivamente à loucura.

O velho médico refletiu, enquanto olhava para o teto, aparentemente resgatando alguma memória.

— Nos EUA, observo com felicidade diversos movimentos motivacionais que são excelentes recursos preventivos. Me parece que no Brasil há um "ecow" disso tudo.

— Há um eco sim, um consagrado mercado composto por palestras, *workshops*, consultorias e treinamentos de relevante papel social-empresarial. A partir das empresas, os profissionais de palco vão deixando recados motivacionais de relevância inquestionável. Eu também me aventuro e reservo uma fração da agenda para levar informação sob o formato de palestras e treinamentos. É um bom método para gerar mais resiliência.

— Já que tocou no assunto, além do significado explicado pela física, como o senhor vê a resiliência?

Percebi que o meu colega supervisor estava disposto a travar variados bons embates e respondi com atenção.

— Dr. Smith, percebo a resiliência como uma fantástica característica que permite ao ser humano crescer no meio da adversidade, encontrar a saída e fazer sucesso em meio ao caos. É como se soubéssemos que toda queda é reversível. Aliás, o ser humano tem procurado novas formas de melhorar a capacidade de absorver e desenvolver a resiliência. Noto que a capacidade de lidar com os problemas facilita saltos quânticos e abrevia a saída das situações mais dolorosas. Até mesmo na questão da saúde, a resiliência se faz valer, o que verificamos com frequência nos pacientes que vivem a mesma enfermidade e reagem de maneira oposta. Enquanto o paciente que ignora ou não acredita na própria capacidade de gerar resiliência se curva aos efeitos da doença, o paciente que conhece e aplica em si a resiliência reage com notável capacidade de recuperação. Além disso, é uma das melhores ferramentas do gerenciamento de estresse.

O garçom se aproximou, perguntando se nós gostaríamos de algo mais, porque retirariam o *buffet* do "café-da-manhã". Agradecemos e quando o rapaz se afastou, Dr. Smith me interpelou.

- Espero que o amigo aceite uma positiva e bem-intencionada provocação, a partir da qual será positivo elucidar aos seus leitores. Com a expressão resiliência, não adentramos num perigoso território de expressões "clichês", da moda? O ser humano sempre precisou de resiliência, só que, do ponto de vista semântico, usava termos diferentes; garra, determinação ou "entusialma".

— O correto é entusiasmo, caro amigo, se bem que o senhor sacou da cartola um neologismo porque seria excelente tirar o entusiasmo da alma.

— O que é neologismo? Não reconheço a palavra.

— Uma expressão ainda desconhecida.

Dr. Smith riu e me perguntei se ele estava rindo por simpatia ou se havia entendido. De qualquer forma, decidi continuar.

— Vamos esclarecer a questão, Dr. Smith. Historicamente, há registro de que o poder das expressões move o ser humano. Se a pessoa nega a sua realidade, fica muito difícil a compreensão de suas "possíveis saídas" das situações dolorosas, atribui a si um movimento passivo de que "tudo o quanto faça não dará certo" ou "que nasceu para sofrer". Desse modo, não vê motivos para buscar a resiliência porque se lembrará de que o ideal é aceitar a dor, sem a necessidade de buscar recursos sequer para amenizá-la, quiçá vencê-la. Quase tudo o que existe de recurso científico se transformou a partir de ideias que a princípio aparentavam não ter sentido. Na medida em que se inicia um movimento que colhe resultados comportamentais tangíveis, o que ontem poderia ser considerado moda passageira passa a ser objeto observacional. Quem poderia, em sã consciência, negar que as pessoas mais resilientes têm melhor qualidade de vida? É uma condição natural, dada a postura de melhor enfrentamento, típica das pessoas que cultivam a capacidade de aceitar, analisar, resistir, ampliar suas forças e vencer.

O velho médico fazia anotações rápidas enquanto eu explanava. Pausei para tomar um pouco da água de coco bem gelada que estava diante de mim e esperei que o amigo apresentasse os seus argumentos, o que não demorou.

— Dr. Jean, é razoável afirmar que o oposto está por aí, influenciando as pessoas que não aceitam a própria realidade, que estão vivenciando seus imbróglios sem maior resistência, numa demonstração clara de dores intermináveis e patologias que nunca têm fim.

— O seu português está cada dia melhor, Dr. Smith. Observe que são raras as ocasiões em que troca as palavras.

— Agradeço, Dr. Jean. Eu segui o seu conselho e estou assistindo filmes brasileiros. Mas não deixe de me "corrixir" quando falar errado.

— É "corrigir". Para que o senhor não se confunda, explico. Ao dizer "corrixir", deve-se quase encostar os dentes de cima nos de baixo. Mas, para pronunciar a palavra correta "corrigir", observe que os dentes de cima precisam se distanciar dos de baixo. E ratifico a sua posição.

— Agora sim, Dr. Jean. É disso que eu falava, opiniões profundas e equilibradas. O seu leitor ficará muito mais, como se diz?

— Satisfeito?

— Isso mesmo!

O senhor tem sido gentil e atencioso comigo. Andei pensando, o correto seria convidá-lo a ser coautor do livro comigo, já que as nossas conversas serão transcritas e impressas. O que acha?

— Eu publiquei minhas obras nos EUA, Dr. Jean. Dei a minha contribuição escrita. Agora, é a sua vez. Estou só emprestando o meu olhar crítico, mas as opiniões são suas. Fique tranquilo quanto a isso, não quero e não vou aparecer no livro além do necessário.

— Como o senhor preferir. Só não sei ainda de que maneira posso retribuir. Eu o ofenderia se propusesse estabelecermos valores? Afinal, estou recebendo praticamente uma consultoria crítica.

Olhei para o meu supervisor e vi um nítido incômodo.

— Amigo, o que estou fazendo pelo senhor está retribuído. Com o seu conceito de gratidão, tenho aprendido bastante em nossos encontros e isso não tem dinheiro que pague. Vamos continuar. Sinto que falta um pouco da contemplação humana por trás das respostas oferecidas ao leitor, que deve estar se perguntando "de onde vem" um médico com o seu "estirow", que prioriza a ciência e não vira as costas para os temas que chegam por aí. O senhor foi preparado para agir com esse olhar mais flexível? Foi educado por pais médicos?

A súbita pergunta do Dr. Smith me levou a uma viagem ao passado mais remoto e fiquei longos segundos rememorando eventos da infância. Ele percebeu que eu viajava e me chamou de volta.

— Pelo que vejo, seus baús da memória estão bem cheios.

— Foi mesmo uma infância maravilhosa. Só para constar, o senhor disse "estirow" e o correto é "estilo", Dr. Smith. Agora, vou responder. Sou o mais velho de quatro filhos; eu, uma irmã e dois irmãos. Julian é um ano mais novo do que eu e rumou para as realizações da engenharia. Rafaela e Junior decidiram pelo caminho do bom combate jurídico e se tornaram advogados. Fui o único a optar pela medicina.

Naquele raro momento, presenciei Dr. Smith gargalhar.

— Que bom, então os três são, como vocês dizem, "normals", ahahahahah.

— Nós dizemos "normais". Sim, a infância dos quatro irmãos foi fantástica. O senhor perguntou se os meus pais são médicos. Sou filho de uma pernambucana que nasceu em Belo Jardim, agreste pernambucano. Meu pai, paulistano de nascimento, foi criado em Lagoa da Canoa. A família de ambos migrou para o município de Arapiraca. Estamos falando de famílias bem humildes, daquelas que têm vários irmãos. A minha avó, por exemplo, nem sabia ler, mas teve uma indizível grandeza no quesito sabedoria. Viveu a profissão de feirante e me ensinou muito.

— O senhor diria que foi uma infância de muitas, como é mesmo que vocês dizem no Brasil, privadas?

— Dr. Smith, o senhor quis dizer "privações". A palavra "privada" no Brasil tem dois sentidos: toalete ou particular. E a minha resposta é não. Embora a família fosse humilde, meus pais se esforçavam bastante e os colegas até viam a gente como pessoas de "boa-vida". Do ponto de vista comparativo, tínhamos um pouquinho mais de conforto, éramos muito unidos e esforçados. É como se diz por aqui: o que dá para um, dá para todos.

— Compreendo. A tal "feia" que o senhor comenta é um centro de compra popular?

— Isso mesmo, porém se diz "feira" e "feia" é uma pessoa desprovida de beleza. A avó nos levava para a sua banca e as tias também tinham banca, então a gente ajudava no que dava. Uma vida difícil que na visão de crianças, parecia grande aventura. Crescemos aprendendo a vender colorau, sabão e outros itens. Não que fosse necessário a gente ir. Pelo contrário, adorávamos aqueles momentos. A família aproveitava a pequena operação comercial para nos ensinar valores, caráter e para que a molecada conhecesse a realidade em que a família vivia.

Com a mão aberta em sinal de "pare", Dr. Smith pediu para dizer umas coisas.

— Tenho a sensação de que o ambiente humilde e positivo forma o ser humano grato por existir, o que credita a esse ambiente tanta relevância quanto o meio que é privilegiado. Se a minha análise estiver correta, a infância humilde com grandes valores facilita a gratidão, enquanto a infância próspera, com tudo o que deseja ao alcance das mãos, forma adultos com dificuldade de agradecer. Seria um equívoco ou exagero meu?

— Dr. Smith, acho que não podemos generalizar. Conheço pessoas prósperas que são extremamente gratas. Aliás, atualmente muito se relaciona a gratidão com o sucesso e a prosperidade. Entretanto, o ambiente com valores como disciplina e amorosidade proporciona às crianças um aumento na capacidade de enfrentamento das frustrações diárias. O que acontece hoje e muitos amigos se queixam é o medo de que os filhos não precisaram passar pelo que passamos e isso pode refletir nessa capacidade que desenvolvemos, mas nós somos os principais responsáveis por resgatar, mostrar e inspirar essa criançada a agradecer. Daí a colocar o dinheiro como a única maneira de formar pessoas nobres vai longa distância. O meio nos ajudou no processo de formação. A gente ia para a feira e do nosso jeito abestalhado, trabalhava, ajudava a vender de tudo. No fim do dia, devíamos "ter um dinheirinho", como a vó Maria dizia. Eu me recordo que ela falava: - "pode faltar tudo, mas a gente precisa do dinheirinho para comprar a carne e no final do expediente, preparar o bolinho de cuscuz com carne". E como foi bom participar da venda que gerava o recurso para a compra do alimento. Isso nos fazia sentir úteis, valorizados. Na família, a vó Maria fazia questão de manter a cultura de ter todos sentados ao redor da mesa, se alimentando juntos. Reunia até os parentes mais distantes para um "banquete humilde" em família.

Outra vez, a mão de Dr. Smith indicou que ele queria fazer uma pergunta.

— E a sua mãe, também trabalhava na tal "feia"?

Tive de corrigi-lo outra vez e resolvi explicar com detalhes mais aprofundados.

— Dr. Smith, "feia" é um adjetivo, contrário de "bonito". O senhor pretendia dizer "feira", que significa um centro de compras itinerante.

— Por isso afirmo que é difícil falar a sua língua. As palavras "se falecem" muito.

Decidi não revelar que o correto seria "se parecem

muito". Por mais que ele me pedisse para alertá-lo a respeito dos erros, admito que eu ficava meio constrangido por corrigir, a todo instante, um cara tão especial. Resolvi responder sem mais delongas.

— Mãinha migrou até Arapiraca ainda jovem e se casou com o painho, igualmente jovem. Teve dois empregos e não se adaptou. A aptidão vendedora das irmãs a levou a procurar seus caminhos comerciais, Ela passou a vender roupas. Foi aí que saí ganhando.

— Por quê?

— A gente ia muito acompanhá-la até Pernambuco para comprar as roupas que seriam revendidas numa lojinha que ela montou e foi até bem-sucedida, se revezando entre a administração da loja, os cuidados com os quatro filhos e o estudo pedagógico. Um dia, D. Geralda, mãinha, decidiu participar dos concursos do Estado e do município para a vaga de professora e aprovada, optou por abandonar a carreira de comerciante. Sem levar em conta o fato de a loja se encontrar estabelecida e com uma clientela boa, foi viver sua missão de vida e optou pela carreira de professora. Virou a professora Geralda. Seu sonho era cursar a faculdade, mas os cuidados com os filhos não permitiam. Ela teve paciência e resiliência. A professora Geralda esperou que todos os filhos se formassem e só então viveu o seu sonho. Cursou o nível superior de Pedagogia, que emendou numa pós-graduação em Psicopedagogia e atuou na área até se aposentar.

— Os senhores gostariam de pedir o almoço? – perguntou o garçom, que se aproximou e nos interrompeu.

Enquanto avaliávamos o que comer, continuamos a gravar a conversa.

— No Brasil, é incomum o aluno cursar faculdade e especialização em idade mais amadurecida?

— Em 2019, vê-se com frequência essa coisa de faixas etárias diversas no ambiente acadêmico porque se firmou um movimento, uma cultura de inspiração que foi aumentando. Entretanto, para aquela época de mãinha, era bem raro.

— Agora começo a entender o seu perfil de cientista flexível, Dr. Jean. O senhor tem a quem buscar.

— A quem puxar. É assim o dito popular.

— Isso mesmo, obrigado por mais uma correção. Vou pedir o peixe. E o senhor?

— Sou vegetariano. Vou experimentar a salada completa da casa. Chamamos o garçom, fizemos o pedido e continuamos a conversa.

— Uma vez aposentada, sua mãe pendurou a chaleira?

— Meu amigo, a expressão é "pendurou a chuteira". Não, ela segue na ativa, toca projetos de *Marketing* Multinível e outras vendas. Retornou ao empreendedorismo para manter viva a chama da utilidade. Dou todo o apoio. É dinâmica demais para ficar ociosa. Sem contar o que as pesquisas recentes mostram: após uma certa faixa etária, quem mantém ativo o senso de propósito vive mais e com maior qualidade.

— E o seu pai? Pode dizer sobre ele?

— Posso, com prazer. Ao chegar da Lagoa da Canoa, aos 22, José Rodrigues, painho, foi cursar o colegial, como se chamava antigamente. Por intermédio de sua tia Nina e seu primo Acebílio, conseguiu trabalho no colégio Nossa Senhora do Bom Conselho, acumulando as funções de porteiro e inspetor. Andava pelas dependências do colégio para ver se as crianças gazeavam aula e carimbava a caderneta desses alunos. Muito esforçado, painho cumpria dois horários para manter a família. Quando terminou um curso técnico na área de contabilidade, à noite também passou a trabalhar na secretaria, assumindo os três horários para manter a família.

— E aquela "picada de vendas" que sua família tinha, não se aplicava ao Sr. José Rodrigues?

— É "pegada de vendas", Dr. Smith. Pensando bem sobre o destino de meus pais, acho que a vida acaba unindo os afins. Painho também tinhas as suas inclinações para o comércio. Mesmo com os horários preenchidos pela jornada diária, Seu José decidiu montar uma lanchonete, seu primeiro empreendimento, em frente a um ponto de ônibus, razão pela qual o movimento era intenso. Os filhos estavam maiorzinhos e eu, o mais velho, lá pelos 11 anos, passei a trabalhar com ele. A gente preparava e fritava coxinha. Raspava cana para moer e vender o caldo. Eu ficava por lá quando não estava estudando e aprendia bastante sobre o respeito e a gratidão. Nós ficávamos gratos pela preferência e o cliente, grato pela qualidade do alimento consumido. Era um negócio amador e bem novo. Ainda assim, o ato de preparar e servir foi um guia inconsciente para a escolha de minha profissão porque preparar e servir ao paciente são as duas ações que mais se repetem na medicina.

— O senhor disse "primeiro empreendimento". Seu pai se aventurou em outros setores?

— Dr. Smith, o senhor presta demasiada atenção nos detalhes de minhas lembranças. Na mesma época, com o lucro da lanchonete, painho comprou um fliperama em frente à lanchonete. Adiante, investiu mais no setor de entretenimento, até se transformar em investidor do setor imobiliário e viver de seus modestos aluguéis. Na época do fliperama, eu e meus irmãos ficávamos incumbidos de ajudá-lo. Para motivar e iniciar os filhos no empreendedorismo, aos domingos ele permitia que o lucro líquido das fichas vendidas fosse dividido em duas partes iguais, para mim e meu irmão.

— Foram bons negócios?

— Sem dúvida, Dr. Smith. Com o crescimento desses dois pequenos negócios, Seu José conseguiu bancar a segunda parte da minha educação, pois a primeira parte o universo me brindou com uma madrinha, que me ajudou com uma bolsa em sua escola – diga-se de passagem – a melhor escola da cidade para as crianças iniciantes. Por isso, sou grato, Dr. Smith. Sem a "madrinha Celeste, não conseguiria avançar. Todos me tratavam com carinho e ano após ano, a alegria enchia meu coração. Depois, fui para a escola que painho trabalhava. Era um sonho tocar na banda marcial e jogar pelo time da escola que se destacava como referência nos esportes, realmente "um céu", como dizíamos por aqui. A mesma gratidão por outra bolsa, desta vez concedida pelo professor Moacir Teófilo, responsável pela escola, que abraçou desde o início minha família. Não tínhamos muito, mas estávamos em ascensão, graças a esses anjos e outros anjos, além dos esforços de painho e mãinha.

Dr. Smith ficou pensativo por alguns instantes e apresentou o que ia em sua mente.

— Dr. Jean, tudo passa a fazer mais sentido. Observo que o senhor é um cientista defensor da gratidão, um médico que dá palestras sobre gratidão, um cirurgião-geral que apresenta programas de entrevista. Reparo, então, que o senhor aprecia fazer coisas diferentes. Isso te acompanha desde esses tempos de criadolescência?

— É pré-adolescência a expressão correta, meu amigo. De fato, a inovação e o incomum me instigam. Acho que posso dar um exemplo. Naquele tempo, para aumentar os nossos rendimentos aos domingos, cheguei a organizar campeonatos com os meninos da região. Com o dinheirinho ganho, comprei uma prancha para surfar na quase deserta praia de Miaí de Baixo, conhecida como Praia dos Arapiraquenses, em Coruripe.

— Me parece uma infância boa, Dr. Jean. E sonhos? Todo menino é sonhador. Qual era o seu? Tornar-se médico? Seria bom falar um pouco sobre isso porque o senhor pode inspirar o leitor que acalenta sonhos de infância ainda não realizados.

— Aí é que está. O sonho de ser médico era mais periférico em meu coração. E o sonho principal, me transformar num jogador de futebol.

— Jogador de futebol? Quem diria?

— Pois é. Coisas da vida. Joguei muito futebol, mas a minha existência encontrou na medicina um propósito. Eu treinava, zonava, e os livros nunca saíam do meu lado. No intervalo entre um treino e outro de futebol, alguns me chamavam de doido porque eu abria um livro e começava a folhear. Não que fosse uma orientação de painho, mãinha ou dos professores. Era uma decisão minha. Aos 12, tinha fascinação por leitura e conhecimentos gerais.

— Isso esclarece muita coisa. – disse o amigo e supervisor, que me pediu para continuar.

— Na Escola Nossa Senhora do Bom Conselho, tive um amigo dotado de inteligência acima da média, do tipo que ensinava os professores. Com ele, aprendi um bocado e uma dessas lições, carrego comigo. Ele dizia:

"Toda questão tem solução. Se você não conseguir, levante-se, vá passear e volte. Se falhar de novo, peça ajuda e caso ainda não chegue lá, mantenha a calma e as respostas vão aparecer, desde que continue tentando".

— O.K., tenha cuidado para não tergiversar. Entendo a menção ao amigo e sugiro que retomemos o tema da obra. A quem você mais dessa época é grato? Isso seria importante revelar, para que o leitor se lembre de sentir gratidão por quem lhe fez a diferença na vida.

— Obrigado pela crítica, Dr. Smith. Tive um professor que afirmou, certa vez, que "eu não serviria nem para carroceiro de burro". Graças a essa frase dele, me esforcei e ganhei o prêmio que se chamava "atleta gigante", creditado aos que se destacavam e venciam em vários esportes. Me destaquei em voleibol de quadra no time de seis, voleibol de dupla, de trio, futebol de salão, futebol de campo, handebol, tênis de mesa e futebol de botão. O que eu encontrava nos esportes, virava objeto de estudo e dedicação, em partes para romper a mágoa deixada pelo comentário do professor.

— Uma vez adulto e formado, acaso houve algum reencontro com o tal professor?

— Dr. Smith, adiante estava na Faculdade de Medicina e trabalhava como professor desde os 19 anos, em Maceió. Vinha me destacando na capital e me chamaram na mesma escola para dar aulas durante o fim de semana. Quem que eu substituiria? O tal professor.

— Como reagiu?

— Minha postura foi reconhecê-lo como excelente profissional e justiça seja feita, de fato era um grande professor por quem, mais uma vez, eu me sentia grato pela chance de participar de minha formação de caráter e por ter me motivado, ao seu jeito. Em outra análise, uma coisa é ser grato pela falta de alguém que foi transformada em solução. Outra, bem diferente, é desejar contato com a pessoa. Ele lá, eu aqui e vida pra frente.

— A gratidão, portanto, supera a mágoa? – me provocou o supervisor.

— Não tenho dúvidas a respeito disso, Dr. Smith e deve-se validar que é possível sentir gratidão até mesmo por quem nos trouxe mágoa, dor ou ofensa. Não há a necessidade de se tornar o melhor amigo ou sequer de conviver com o ofensor. O segredo é guardar gratidão e não mágoa, aproveitar a ofensa, transformando-a em algum tipo de aprendizado, em vez de remoê-la por décadas.

— É uma contemplação interessante, meu amigo. Me parece difícil de ser aplicada, porém reconheço que é uma decisão assertiva, um passo além da mensagem bíblica que propõe "oferecer a outra face" ao ser ofendido. E a ascensão nos pequenos negócios do pai, foi contínua?

— Não. O negócio ia bem, até que painho adquiriu mais duas lojas focadas em fliperama. Antes de eu entrar na Faculdade Federal de Medicina, a tecnologia engoliu e sepultou os negócios dele, que viveu uns dois ou três anos de dificuldades e ajustes até se reerguer.

Em meio aos pensamentos e lembranças de uma vida grata, o garçom retirou os pratos e trouxe um café expresso a cada um. Reparei que alguns funcionários do hotel não estavam no restaurante há algumas horas e isso me levou a crer que a turma da manhã trocara o turno e nós continuávamos ali. Dr. Smith me tirou dessas conclusões que envolviam passado e presente.

— Não quero que Mirella considere o seu supervisor inconveniente. Hoje é sábado, Dr. Jean. Acho que devemos encerrar, por enquanto. Vá acortinar a sua família!

— O correto é "vá aproveitar", Dr. Smith. Fique tranquilo, Mirella dá apoio à nossa troca de ideias. E me pediu para agradecer pelos chocolates que o senhor trouxe. Ela só acha estranho que ainda não tenham se encontrado. Quer me acompanhar até a nossa casa? Se tiver um tempinho, seria uma boa oportunidade.

— Lamento ser obrigado a declinar, Dr. Jean. Combinei que passaria a tarde com aquela velha amiga a quem estou ajudando.

Paguei a conta sob os protestos do amigo, que deu uma derradeira incumbência.

— Na segunda-feira pela manhã passarei em sua casa. Vá produzindo com a mesma regada. O senhor está indo muito bem!

— É pegada, Dr. Smith, e obrigado pelo *feedback*!

O garçom chegou com a máquina de cartão. Digitei minha senha e virei-me para apertar a mão do Dr. Smith. Ele havia partido. Outra vez, me lembrei de ter escutado em algum lugar que os norte-americanos não se despediam.

Ao chegar em casa, Mirella perguntou como foi. Detalhei o encontro e ela fez a pergunta que eu não sabia ao certo como responder.

— Mô, por que será que eu nunca encontro o Dr. Smith?

Na falta de uma resposta plausível, ofereci um sorriso, um abraço e uma pergunta.

— Vamos passear com as crianças, levá-las à praia, meu amor?

Passamos o final da tarde nas areias de Maceió. Mirella entretida com um bom livro em mãos e eu refletindo sobre o livro que construía, enquanto as crianças se banhavam alegremente nas águas quentes do Nordeste. Deixei os pensamentos de lado, pedi que Mirella fizesse o mesmo e de mãos dadas, fomos caminhando até as crianças. Se a gratidão pode ser medida, lá estava. Se a perfeição existe, ainda que passageira, ali havia a forte suspeita de sua fugaz presença. E foi naquele instante que percebi: sem família, não há sucesso.

Aquelas criaturas que tanto me faziam feliz representavam o ponto máximo de minha gratidão pela oportunidade de ter uma amorosa família, outro registro que precisa ser feito, dado o fato de que o agito do cotidiano nos permite olhar as notas ruins dos filhos, os erros da pessoa amada e os problemas domésticos. Mas, como todo tipo de agito, em certas ocasiões pode mascarar o mais potente combustível para o sucesso, o amor.

> "Olhar com amor para a sua vida permite compreender quão especial você é para o planeta. Há quem prefira, no entanto, viver sem olhar, amar sem se declarar, ignorar sua importância ao mundo. Só uma mera questão de escolha separa os cenários."

Capítulo 4

Capítulo 4

As roupagens da gratidão

Na manhã de segunda-feira, o amigo e supervisor não apareceu, conforme havíamos combinado. Enviou um portador, que trouxe seu recado escrito.

"Caro Dr. Jean, hoje e amanhã, não poderei acompanhar o seu trabalho. Terei que me ausentar e me dedicar à amiga que decidiu acelerar na escrita de um livro a respeito da depressão que está enfrentando. Consegui fazê-la entender que escrever é um dos mais antigos formatos de terapia e ela está adorando. Por isso, terei que me revezar entre a supervisão da sua obra e a dessa amiga, como já tinha adiantado. É um passatempo cultural extraordinário, devo dizer. Vou deixar algumas instruções para os seus próximos passos. Quanto ao seu trabalho escrito, o senhor tem demonstrado valoroso conhecimento sobre a essência do ser humano, que é tão ou mais importante quanto o quadro clínico.

Siga com as convicções conciliadoras e não tema ferir o sentimento do leitor, pois seria um temor descabido. O estilo de quem fere com as palavras está muito longe do seu. Abra o coração, amigo, e saiba que vai dar tudo certo. Na próxima "quarter-férias", irei até o consultório em seu horário de lanche, para conversas e atualizações. Boa sorte e obrigado pela oportunidade de acompanhar o seu primoroso trabalho!

Saudações, Dr. Smith"

Fiquei me perguntando se lembraria de dizer ao médico norte-americano que o correto é "quarta-feira". Ao leitor, reitero que o amigo Dr. Smith errava mais expressões do que tenho relatado, mas se eu fosse apresentar todos os inocentes erros do querido supervisor que se esforçava para falar o português, precisaria de um livro só para isso. Tenho selecionado somente as expressões mais engraçadas do generoso amigo norte-americano que tanto me ajudou.

Comentei com Mirella o dia e horário do próximo encontro com o supervisor.

— Mô, desta vez ele não me escapa. Vou até o seu consultório e apareço de surpresa. E quero retribuir a gentileza. O que me recomendaria comprar como uma lembrancinha ao Dr. Smith?

— Sei lá, meu amor. É um homem refinado, de evidente bom gosto. Não precisa comprar nada. Apareça e vou ter o prazer de apresentá-los. Você vai ver que o Dr. Smith é ótimo ouvinte.

— Uma coisa que eu ainda não perguntei. Eu sei que vocês conversam sobre muitos temas e estão gravando os diálogos. O que vão fazer com isso?

— Por enquanto é uma surpresa. – respondi, deixando-a ainda mais curiosa. Eu pretendia que o preparo do livro se mantivesse uma surpresa para aquela que amo, pois a obra retrata a gratidão e me sinto imensamente grato à Mirella, que me escolheu para ser o seu marido.

O processo de gratidão deve alcançar os outros, mas a gratidão íntima é fundamental para uma vida feliz. Sou grato também a mim, pelo despertar dos sonhos e minha sugestão é que você, que está com o livro em mãos, procure encontrar quais foram os momentos de sua vida que merecem o reconhecimento, a gratidão. No meu caso, mesmo com um sonho precoce e imaturo de ser jogador de futebol, uma parte de mim caminhava para o sonho que resultaria no propósito de vida. Aos oito anos, eu demonstrava o que se desenrolaria no futuro. Mãinha se cortou com uma garrafa de água e entrou em desespero, bem na minha frente. Ela não sabia o que fazer. Olhei em seus olhos e uma força dentro de mim brotou, resultando em palavras de conforto e ação técnica.

— Fique tranquila, mãinha!

Peguei um pano limpo, comprimi com força aquela lesão que fazia sangrar a pessoa mais importante de minha infante vida, a referência, a fortaleza.

Tão logo bateu a maturidade, o sonho de jogar futebol deu lugar ao sonho de ser médico. Na ausência de uma faculdade de medicina em Arapiraca, o jeito foi estudar na capital. Se juntaram os pais dos alunos em busca de resolver o problema. Um deles havia adquirido uma casa em Maceió, que ainda estava em reforma. A gente apelidou a morada de batcaverna, num bairro que naqueles dias, oferecia pouca infraestrutura e segurança.

Aprovado no vestibular após prestar cursinho, morei de favor, dividi espaço, passei uns bocados. Quase engrenei no Direito, fato que é importante citar, uma vez que estava só me enganando e seria um advogado, provavelmente, infeliz, distante da vocação natural. Reconduzido ao sonho, fui tentar o ingresso no curso de Medicina.

O resultado saía na rádio. Baixei a cabeça e comecei a chorar, sentado na cadeira, ansioso, esperando. Quando o radialista narrava os alunos da letra G, imaginei que talvez por erro, meu nome estaria ali. Lembro-me de ele ter citado um nome diferente e pensei "é o meu". O radialista começou a soletrar G-E- e eu, quase enfartando. O aprovado da vez era um cara chamado Genison. Desmoronei. Para piorar, a estação de rádio chiava tanto que nem dava para escutar direito.

O meu nome acabou sendo narrado dentre os "jotas" aprovados. Estava aprovado. Me recordo de ter dito duas palavras por telefone:

— Painho, passei.

Foi um mês inteiro de cachaça para celebrar. Com o estudo em tempo integral, fui com tudo para a base, a anatomia. Para acessar a faculdade, a logística envolvia dois ônibus e a saída de casa às 5h da manhã.

Uma das fases mais difíceis de minha vida foi o ingresso no curso de medicina; muita cobrança, exigências, pressão, prazos. Precisava ser ótimo, de preferência o melhor, para não perder espaço no mercado. Mais maduro, descobriria que essa necessidade é uma mentira, falácia mercadológica para gerar uma competitividade que nada traz de positivo.

É importante dizer a você, estudante de medicina ou de quaisquer cursos, que a pressão psíquica exercida pelas pessoas não pode e nem deve te derrubar. Mantenha-se bem e saiba que o tempo de se equivocar um tiquinho aqui e acolá é justamente o da faculdade, pois a pressão por acertar estará do lado de lá, no futuro, quando a vida do paciente estiver em suas mãos. O negócio é respirar, evitar danos e seguir, pensando que quem está bem, erra menos.

Um número expressivo de suicídio dentre os estudantes tem chamado a atenção da comunidade acadêmica e uma das causas, ou o fator de disparo, é a depressão.

A velha necessidade de ser bom ou de ser o melhor ainda assume um protagonismo que não deveria existir.

Poucos se recordam de demonstrar gratidão a si e aos que contribuíram para que chegassem ali. No lugar dessa gratidão que seria imprescindível, acaba por restar a ansiedade, que ruma até a depressão em passos largos, e que explica a enorme quantidade de estudantes e profissionais formados enfrentando doenças da mente.

Acabara de terminar um namoro de três anos que vinha de altos e baixos. Quando brigava com a namorada, tomava umas e tirava 3.0 na prova. Daí, tinha que tirar 9.0 na outra. Era um esforço. Esse ciclo só acabou com a chegada de Mirella. Assumo que a vida prega peças e só lá na frente, pudemos rir desses atos. Minha amada esposa estudou comigo na mesma turma do cursinho, na mesma faculdade de Direito. No entanto, a hora do encontro estava meio que sendo preparada em mais um ato destes que a vida reserva para nós. Eu nem olhava para Mirella. Não tinha autoestima o bastante para imaginar que ela poderia se interessar por mim. Quando eu via a turminha com aquelas camisas do hard rock café, sabia que tinham passado o aniversário de 15 anos nos EUA e ficava imaginando como seria aquele país.

No quarto ano de Medicina, fomos participar de um curso que visava à prova de estágio remunerado do pronto-socorro. Mirella não queria participar, dizia que não gostava de pronto-socorro. Não queria ver emergências. Seu sonho era ter um consultório de Pediatria e cuidar dos bebês. Mas foi, por insistência de suas amigas.

Sentou-se bem na minha frente. Eu estava consciente da presença dela e sequer sonhava com a recíproca. As amigas de Mirella conversavam um pouco comigo. Já a minha futura esposa, no máximo, dizia "oi". Ambos passamos na prova. Eu estava muito a fim de trabalhar na emergência e passei dentre os dez primeiros. Ela também entrou.

No primeiro dia do plantão, nos encontramos na rampa do pronto-socorro. Com relação a objetivos, eu queria deixar Alagoas, Mirella queria trabalhar na região. As diferenças e os desejos não coincidiam e ainda assim, ela deu espaço para o menino simples e lambido de Arapiraca. Passamos a namorar.

Mirella foi aprovada em Recife, São Paulo e Salvador. Eu estava encantado com a moça inteligente e formosa que, melhor ainda, gostava de mim. Do namoro ao casamento tudo pareceu um sopro de tempo. Não demorou e estávamos a caminho do primeiro filho. Embora tudo tenha sido planejado, fiquei alucinado, aperreado pela pressão das mudanças.

O Jean alegre deu lugar a um cara que precisava provar para todo mundo que era o melhor, que precisava do melhor carro, da melhor casa. Só depois, tratando das crenças, é que eu fui entender a origem da crença que havia formado sobre o sucesso, baseada em "ter para ser".

Não por maldade, passei por muito tempo criando cenários, imaginando que "quando tivesse isto ou aquilo, seria feliz". Ledo engano, os valores da avó Maria foram suprimidos nesse período e a realidade exterior foi se apresentando como o modelo ideal de vida. Crença formada e pai de primeira viagem, agi como tal, sem perceber que ao fazer assim, flertava com a depressão.

Mirella queria ficar próxima do pai e eu, disposto a trabalhar em outra praça, quem sabe Salvador. No fim, a convenci a vir comigo para Arapiraca. Estava de volta ao habitat, desta vez como cirurgião.

Fui operar com o bem-sucedido amigo Dr. Jose Roberto Novaes e o dinheiro começou a entrar. Na época, distante da gratidão e próximo da materialidade, de maneira cruel, passei a medir Mirella pela régua que eu supunha conveniente. Na minha visão mesquinha daqueles dias, ela tinha que ser igual a mim. Então, comecei a dizer que Mirella não se vestia como médica, não era médica, não queria se comportar como médica, não queria dar plantão e assim por diante.

Nas minhas raras folgas, ela partia para Maceió e isso me fazia deduzir, infantilmente, que não me amava. Indignado, ia para a farra, ficar mamadão. Gastava boa parte do dinheiro que ganhava. Entrava numa loja, comprava tudo do bom e do melhor. Só alegria e farra. E o filho, lá, esperando atenção, amor e carinho. Vivia o momento de ter, ter e ter. Conseguia recursos vultosos, mas não investia em conjunto, no casal. Verdade seja dita, o casal por um tempo nem existiu. Era essa loucura. Mirella queria estar em Maceió e eu, com raiva, ficava em Arapiraca, torrando saúde e dinheiro.

Com o olhar que tenho hoje, o gesto mais sincero teria sido dizer "olha, não está legal, não está funcionando e se você quiser seguir o seu caminho, siga, que eu sigo o meu".

O fato é que eu descontava em mim a frustração de falhar no relacionamento. O grande paradoxo é que eu amava uma mulher com quem não conseguia me entender e a quem não fazia feliz. Entrei num gradativo processo de suicídio inconsciente, bebendo cachaça, endoidando, dirigindo alcoolizado. Certa vez, voltava de uma farra em Barra de São Miguel e nem sei como dei conta de chegar em casa.

Foram três anos de ingratidão. A vida me dava oportunidades, eu ignorava. Mirella me oferecia amor, eu achava pouco. O trabalho gerava ótimos recursos e eu me perguntava quando ganharia mais.

Fui me destacando como cirurgião, me felicitando com as coisas que o dinheiro permitia comprar e nasceu a oportunidade que parecia um sonho para a carreira de um jovem médico, ser diretor de um hospital. Sem saber, me aproximava de um pesadelo. Procurava preencher minhas frustrações com dinheiro, que eu já tinha em bom volume, e desta vez com o poder, que agora desejava.

Como se a vida testasse os meus limites, a sede de poder foi saciada e o cargo de diretor, confirmado. Só que eu não soube lidar com isso. O pessoal telefonava de madrugada, solicitando a minha presença, materiais específicos e tudo mais. Eu estava ficando louco com tamanha pressão. Tinha três aparelhos de celular e um motorista. Rezava para chegar a sexta-feira e tomar uma de novo, para relaxar, apagar, anestesiar os problemas e o estresse.

Em meio aos comportamentos materialistas e inadequados que adotava nesses dias, a vida me enviou o primeiro sinal. Sem me entender com Mirella, bebendo acima do que devia e procurando ter cada vez mais, comecei a cogitar a separação. Briguei com painho, mãinha e irmãos. Todos tentavam, em vão, abrir os meus olhos e mostrar que a minha conduta estava longe de ser normal, que eu estava longe de ser o Jean Rafael que conheciam.

Numa terça-feira, finalzinho de um jogo de futebol, a vida me derrubou. Escutei um ruidoso "pá" numa disputa de lance e quando percebi, o pé estava troncho, quebrado.

Um dos colegas me botou no carro e perguntou aonde deveria me levar.

— Vamos para a unidade de emergência do hospital em que sou diretor.

Pela primeira vez, fui empático em relação aos sentimentos dos profissionais. Sentindo muita dor no pé, presenciei o silencioso olhar de alguns profissionais que se aproximaram ao me ver naquela situação. Escutei de uma profissional:

— *Está vendo aí, não é bom estar no lugar do paciente?*

— *Como é que está se sentindo aí, precisando da gente?*

Logo depois, ouvi de outra:

Está com dorzinha? Vou chamar seus colegas e daqui a uns 30 minutos, eu volto!

— *Oxenti, rapaz. Está aí. Eita, o pezinho está doendo?*

Fizeram uma imobilização e o colega disse que precisaria operar. Fiquei como que nocauteado. Depois de muito tempo, não sabia o que fazer, dizer e tampouco aonde ir. Olhei para o colega e questionei a verdade que se apresentava imponente.

— É verdade, vou ter que operar?

— É para operar porque tem que botar uma placa. – respondeu o colega, sem margem para dúvidas.

Subitamente, surgiu um sentimento forte dentro de mim, como se uma voz ordenasse:

— Aceite e confie!

Contra o que reza a cartilha do macho nordestino, no sentido de que homem não chora, as lágrimas desceram e não pude contê-las, pois vinham de dentro do meu coração. Até hoje, não sei se escutei a voz da consciência, o anjo da guarda ou o eco de meus erros. O fato é que as palavras de seis letras não deixaram margem para negociação; aceite e confie.

Chorei por dentro tudo o que não havia chorado pela dor que me tirava o juízo. Telefonei para um amigo ortopedista, fui até o hospital onde ele estava trabalhando e a opinião foi a mesma, operação e placa.

— Vamos operar agora. – definiu esse outro colega.

— Agora? – indaguei, ainda tentando evitar o inevitável.

— Imediatamente. Pegue suas coisas, peça para a sua esposa levar os objetos ao hospital. Você vai ficar internado três dias e vamos operar em alguns minutos.

Dois pensamentos me ocorreram.

Que cara eu tenho para pedir que Mirella leve umas mudas de roupa, se estamos quase nos separando?

Como é que vou ligar para o meu pai ou minha mãe e meus irmãos, se brigara com todos eles para defender meus comportamentos materialistas?

Além disso, me dei conta, eu vinha sendo péssimo líder, um diretor nada querido por alguns da equipe. Quando lembrava de como falaram comigo, não sabia se doía mais o pé ou as palavras deles. O fato é que não poderia ligar para ninguém. Estava com o pé quebrado, sozinho e teria que lamber a própria ferida. Vinha brigando com meio mundo e de certo modo, até comigo. Foi o momento em que me perguntei:

Que porra tô fazendo da minha vida?

Comecei a chorar por dentro, por tudo que estava vivendo. Liguei para a minha esposa.

— O que é que você quer, Jean?

Logo de início, percebi que ela não me chamou de "mô", como de hábito, um indicativo de que Mirella continuava contrariada.

— Quebrei o pé.

— Deixe de mentir.

— É verdade, estou a caminho da cirurgia. Se você puder, leve umas roupas lá, por favor.

Mirella chegou antes de mim. Mais do que isso, entrou no centro cirúrgico, ficou ao meu lado e deu apoio integral, irrestrito. Meus pais também foram me ver. Nessas horas, o amor incondicional se faz valer, apaga as condições pontuais, as mágoas, as rusgas.

No dia seguinte, se bem estivesse, deveria cumprir o plantão. Em vez disso, me recuperava em casa, com a perna para cima, tentando inutilmente encontrar posição que aplacasse a dor que nenhum remédio dava conta de amenizar. Foi aí que conheci a parte mais difícil do tratamento: "a dor moral". Num momento de lucidez, pensei:

Porra, a esta hora todo mundo está no plantão, produzindo, salvando vidas. E eu aqui, inutilizado. O trabalho é uma coisa fantástica e agora, não posso trabalhar.

Foi a grande virada que espantou para longe o materialismo exacerbado e a incapacidade de me relacionar como líder. Comecei a valorizar os meus semelhantes e os profissionais de todos os setores que envolvem um hospital.

Na ocasião da cirurgia, os amigos da época não apareceram por uma razão óbvia, eram companheiros de copo. Na ponta profissional, dada a minha conduta arrogante no hospital, no máximo tinha alguns colegas.

Foi o primeiro *insight*, a primeira grande consciência que surgiu. No pós-cirúrgico, tive uma pequena mudança relativa à questão que distancia os assuntos ser e ter.

> **"Ter tudo o que um profissional exitoso poderia desejar é bem diferente de ser a melhor versão profissional de si."**

Agora, eu sabia disso. Estava prestes a conhecer a ciência da gratidão e sem perceber, já me sentia grato por ter percebido os erros e as escolhas infundadas.

De volta ao presente daqueles dias em que preparava a construção que está em suas mãos, fazia uma quarta-feira de calor e sob o conforto do ar-condicionado, li e reli esses tantos momentos de minha vida, quando o telefone tocou. Atendi, era Mirella.

— Mô, surgiu compromisso no trabalho, o chefe vai fazer uma apresentação e pediu a presença de todos. Parece uma coisa, sei que combinamos de eu passar por aí e conhecer o Dr. Smith, mas não vai ser desta vez.

Contemporizei.

— Fique sossegada, meu amor. Uma hora dessas vocês se encontram.

Conversamos um pouco mais e depois que desliguei, fiquei pensando que realmente os desencontros entre a pessoa que amo e meu supervisor beiravam o cômico. Eu queria que Dr. Smith a conhecesse e pensava que seria legal Mirella conhecer meu inspirador parceiro, que chegou enquanto meus pensamentos iam e vinham. Eu o atendi com entusiasmo e carinho.

— Seja bem-vindo, Dr. Smith e antes que eu me esqueça, tinha um erro em seu bilhete. Aqui no Brasil, dizemos "quarta-feira", e não "quarter-férias".

O velho médico agradeceu, apertou minha mão com firmeza e tomou assento. Sem perder tempo, estiquei a mão e entreguei os manuscritos, que Dr. Smith leu em silêncio, vez e outra fazendo uma careta aqui, outra ali. Me perguntei se ele estaria decepcionado com as minhas revelações. Me ausentei um instante e fui buscar um café para nós. No fundo, acho que procurei evitar as caretas de meu supervisor.

Voltei, servi o café ao amigo e esperei enquanto ele finalizava, o que não demorou, pois Dr. Smith era um leitor voraz.

— Dr. Jean, ainda bem que o senhor mostrou seu lado humano, falho e imperfeito. Eu estava preocupado com a possibilidade de o leitor vê-lo como um cientista à prova de falhas. Viver e medicar equivale a firmar decisões que nem sempre nos encherão de orgulho. Acho que a ciência da gratidão, que o senhor tanto aprecia, às vezes se posiciona numa encruzilhada, exigindo decisão e reconhecimento. Agradecer pelas escolhas e enxergar as falhas é um excelente exercício para que essas escolhas não reincidam. O que estou dizendo faz sentido para o senhor?

— São as muitas roupagens que a gratidão possui, Dr. Smith. A primeira roupagem que descobri foi a fronteira entre a ingratidão que eu vivia e a gratidão que desejava viver por instinto e apreço.

O velho médico me olhou com espanto, como se acabasse de reparar algo que ainda estava envolto pela névoa do saber. E devolveu.

— Bingo. Acho que o senhor chegou ao âmago da questão, Dr. Jean. O ser humano que enxerga e pratica a gratidão no âmbito pessoal, na carreira, na família, na posição social que exerce, no pequeno e no grande, no micro e no macro, praticamente fecha as portas da mente e do corpo para as enfermidades.

— Aqui dizemos "bingo", Dr. Smith. E sim, é uma típica blindagem. A gratidão tem esse papel de servir como fortaleza para o ser humano. A ciência atestou que sentir-se grato repercute na questão hormonal. Resta a ciência provar os seus efeitos preventivos em relação aos males que afetam a modernidade, como as doenças da mente.

Dr. Smith começou a olhar para cima, vasculhando no ar uma resposta que o satisfizesse. De súbito, bateu as palmas das mãos com força. Achei que tentava matar um pernilongo, mas estava próximo de investigar alguma verdade inédita.

— É isso aí, Dr. Jean. A ciência precisa concentrar seus esforços de pesquisa no campo subjetivo, pois os esforços na área pragmática e mensurável despertam o interesse natural dos entusiastas.

Concordei com ele e resolvi complementar.

— O meu desafio autoral, Dr. Smith, é despertar o povo para a gratidão e convidar a comunidade científica a pesquisar e testar as práticas que ainda não podem ser medidas ou comprovadas, sem que isso afete a minha credibilidade como cientista.

— Ou seja, o senhor tem em mãos o desafio dos desafios, a mais complexa das missões. Seu livro há de ser uma positiva solução, meu bom amigo. Por enquanto, preciso ir. Peço que observe bem o que você fez quanto a abrir o coração e assumir os erros. O seu leitor, que certamente leu várias obras em que o autor parece perfeito, ficará grato por conhecer a verdade. Voltarei amanhã, no mesmo horário, para ver as atualizações dos textos. Aliás, convide Mirella para um café conosco. Quem sabe desta vez dá certo?

Virei-me para servir um café ao amigo, enquanto explicava o que aconteceu.

— Veja que engraçado, Dr. Smith. Mirella ficou de passar pelo consultório nessa tarde, para conhecê-lo. Eis que uma reunião não programada a impediu.

Como explicar tantos desencontros?

Virei-me de volta, com a xícara nas mãos. A cadeira estava vazia. Dr. Smith se foi com a velha mania norte-americana de não se despedir, que confundia a minha latinidade. Ainda assim, eu não via naquilo uma grosseria. Interpretava as repentinas saídas de Dr. Smith como frutos de uma cultura, um jeito prático de não perder tempo com amenidades. Ele supervisionava os meus textos, aconselhava, apresentava caminhos, reconhecia o progresso do projeto e aqui ou acolá, puxava minha orelha. Com tanto a oferecer, eu me sentia extremamente grato ao colega Dr. Smith.

Os comportamentos inadequados que assumi no início da carreira serviram de aprendizado, contribuíram para que eu fosse um marido, pai, filho, amigo e médico melhor. O saldo, o mais importante de ter errado, foi ter sido perdoado por Mirella e pela família. E por falar em perdão, deixo uma reflexão que corrobora a gratidão e por sua natureza, é uma das roupagens da gratidão que, inclusive, me libertou.

"Perdoar é uma forma de dizer ao cérebro que já pode relaxar e partir para ser feliz, pois agora está livre."

Capítulo 5

Capítulo 5

Como aplicar a ferramenta de combate à depressão

Ao chegar em casa, relatei para Mirella o acontecido.

— E quando eu estava contando a Dr. Smith que a sua ida melou, botei um café na xícara, fui oferecer e ele tinha partido sem falar tchau, pra variar.

Mirella franziu a testa.

— Estranho o seu amigo. E agora você pode me dizer o que farão com essas conversas gravadas?

— Em breve, meu amor. Amanhã ele vai retornar ao meu espaço para ler o que vou escrever daqui a pouco. Se puder, vá ao hospital no horário de meu intervalo e de uma vez por todas, vai dar certo.

Mirella riu, disse que iria. Sentia-se intrigada por não ter conhecido o generoso Dr. Smith. As crianças exigiram atenção e pausamos o assunto. O fato é que eu me sentia comprometido com o projeto e disposto a dar o melhor possível. Uma parte de mim desejava entregar o melhor livro ao segmento literário, enquanto outra parte se esforçava para valorizar o tempo de meu supervisor e deixá-lo seguro de que o conteúdo seria agregador.

Brinquei com as crianças, jantamos juntos, conversamos e nos divertimos. Em seguida, fui para o meu cantinho escrever o trecho que vem a seguir.

Assumindo o cargo máximo no hospital, procurei ser o mais justo possível. Não raro, as decisões geram satisfação a um e insatisfação a outro. Eu não suportava ficar nas reuniões. Fugia, procurava escapes que gerassem algum alívio. Se forçasse a barra e permanecesse, como tentei fazer em algumas ocasiões daqueles dias complicados, uma agonia tomava conta de mim, seguida de tremores e até sensações que ia desmaiar a qualquer momento. Ainda pior, em algumas ocasiões pensava que ia morrer. Sabe o que era isso? Eu só não sabia, mas vivenciava a síndrome do pânico. Mirella, como toda grande mulher, intuía alguma coisa bem errada.

— Vamos para Maceió, mô. Caso aceite se tratar, tem um médico bom lá, um psiquiatra.

A reação foi imediata.

— Meu amor, não vou visitar nenhum psiquiatra. Não sou doido, viu? Não sou maluco e nem vou tomar aqueles remédios, que você bem sabe quais são. Além disso, não vou abrir a minha vida para um estranho. – argumentei, sem saber que lá na frente, até escreveria um livro revelando tudo.

— Mas você é médico. Isso deveria ser normal. – insistiu Mirella.

As crises se intensificaram, as pessoas do convívio profissional voltaram a reclamar e acabei por aceitar. Pedi afastamento do cargo de direção e ingressei no tratamento, com todo o apoio de Mirella no processo. Encarei o estigma, a vergonha de aceitar o tratamento dos diagnósticos de depressão e síndrome do pânico. Entretanto, não aceitei feliz da vida. Lembro bem do que pensei.

Não é possível. Que porra vou fazer agora da minha vida?

A sensação de morte me rondava. Fiquei um mês na cama, sem sair do quarto, sobre a cama, em posição fetal. Não queria ver ninguém. Não saía. Não interagia. Só fazia sobreviver.

Chorei tudo o que consegui. Mãinha implorava que eu voltasse a trabalhar, a viver. Mirella estava desesperada, porém demonstrava força. A lembrança de minha dócil avó ajudou a colocar um simbólico chão onde antes só um buraco existia.

Em paralelo, agradeço pelo tratamento com o colega, Dr. Gerardo, que me mostrou como sair da cama, deixar as lamentações, aceitar o tratamento e mudar. A perspectiva da espiritualidade e do intangível também foram cruciais para deixar o abismo depressivo.

Quando voltei, bem melhor, fui medicar no Programa Saúde da Família, conhecido como PSF, especificamente numa região rural, longe do ambiente hospitalar, em contato com o ar puro, a simplicidade da vida no campo e sua natureza exuberante. Dediquei-me à medicina com um esforço de cura ainda maior. A cada paciente que ajudava, também me ajudava a cicatrizar a saúde mental.

Me sentia grato pela chance de sair do quarto, cumprir a missão de vida e ajudar a salvar vidas. Recebia carinho dos pacientes, como uma jovem senhora de cem anos, que sempre me abraçava e me chamava de anjo, dizia que por muito tempo um médico não pegava em sua mão, não a examinava ou conversava sobre a vida. Foram quatros anos nessa comunidade, que amplificaram a perspectiva da gratidão e de muitas maneiras, me impulsionou a ver a medicina com outros olhares.

Foram dois anos de tratamento psicoterápico, além do acompanhamento. Fechei todas as portas que a depressão e a síndrome de pânico tentavam arrombar diariamente.

Nunca houve um momento repentino em que decidi desistir. Eis a dica que considero mais relevante a quem passa por isso ou tem um familiar que enfrenta doenças da mente: não procure as curas instantâneas. Aceite as mãos estendidas pela família, a química oferecida pela ciência através dos remédios e o acompanhamento dos profissionais. Além disso, permita-se sentir a gratidão de si para si, todo dia, a cada progresso íntimo, a cada pequeno passo, a cada abraço recebido pela família, a cada incentivo dos amigos.

A meditação e a ioga são técnicas que recomendo porque geraram outro mecanismo de ajuda no combate aos males da mente e ajudaram a sentir a respiração como deve ser sentida, de maneira fluida e suave (pessoas deprimidas tendem a respirar curtinho, o que prejudica a oxigenação do cérebro, aumenta os níveis de cortisol e facilita as respostas do estresse).

A medicina avança, mas não põe fim às coisas simples como saber respirar. Do ponto de vista farmacológico, precisei de antidepressivos e benzodiazepínicos. No entanto, sem aprender a controlar o fluxo respiratório, não teria encontrado a cura. Não tivesse aprendido a agradecer, ainda estaria a lamentar, me apiedar e me diminuir.

Em teoria, ter, sentir e demonstrar gratidão por aqueles que fizeram parte do tratamento é tão óbvio que não precisaria ser recomendado. Mas, como os males da mente retiram a naturalidade das coisas e dos sentimentos, é meu dever de autor e médico recomendá-la.

Por amor, Mirella encarou comigo, todas as fases do processo, do auge da doença à rotina de restabelecimento. Metaforicamente, conheceu o inferno da doença ao me ver em posição fetal, sobre a cama, por um mês, sem querer sair ou interagir com as pessoas. Viu de perto o purgatório da luz que abrilhanta o fim do túnel, o que duraria dois anos, ao testemunhar o momento em que afinal cheguei em casa relatando que iniciaria uma pós-graduação com aquele que até um tempo atrás preferia passar longe, Dr. Gerardo.

Mais uma vez, a vida pregaria uma de suas peças. Em pouco tempo, ministraria aulas nessa mesma pós-graduação, em cuidados com o emocional. Por isso, recomendo aos que passam neste momento por dificuldades: acredite em sua força interior e se ligue ao sábio que existe em seu coração, para atingir voos muito mais altos que possa imaginar.

Felizmente, depois de tantas provações, Mirella teve a chance de assistir "a cura do mô" (como ela me trata), a cura daquele que ela escolheu como marido enquanto estava mentalmente saudável, o que resulta em outra reflexão de cura importante.

> **"Recusar ajuda ou suprimir a gratidão enquanto encara o processo de depressão e ainda assim, desejar a cura, equivale a enxugar gelo, com a diferença de que nesse caso, o que se enxuga é uma angústia sem fim."**

Enquanto eu me tratava, Mirella também decidiu encarar uma terapia. Acabou aproveitando para resolver pequenas questões e ganhou força para me ajudar ainda mais. Na outra ponta social, a vida seguia o seu curso e se as pessoas não sabiam exatamente o que estava acontecendo, nada mais natural do que o surgimento de rumores enquanto eu me tratava.

— *O cara era diretor do hospital e amalucou. Dizem que nem fala mais coisa com coisa!*

— *Dr. Jean? Ih, aquele lá tá doido, internado no ITA*[2].

— *Ôxe, o bichinho teve uma depressão que o afundou. Estamos torcendo para que melhore!*

— *Pegava no pé de todo mundo quando estava por cima. É bom que se lasque mesmo!*

Entre fatos e boatos, opiniões divididas, torcidas a favor e contra, se passaram os dias de meu tratamento. É claro que a extensão da gratidão alcança a família e não somente Mirella. Durante a fase de melhora e quando voltei a clinicar na área rural, a presença da família foi crucial para sanar o medo da morte, que me acompanhou por todo o período depressivo.

Com o tratamento bem-sucedido, aproveitei as horas vagas daqueles tenebrosos dias para me estudar e me entender. Comecei a procurar algo como um caminho do meio, que facilitasse a cicatrização do processo de cura.

Nesses tempos de estudo, se encaixa a lembrança dos momentos no departamento médico do clube de futebol Asa de Arapiraca, que naquele momento disputava a série B do campeonato. Fui convidado a assumir o departamento médico do clube, um dos momentos mais difíceis do enfrentamento à síndrome do pânico,

2 Hospital psiquiátrico da região

que fez eu vasculhar o íntimo e em seguida, compartilhar meus temores com o psiquiatra.

— Porra, como é que vou entrar num campo de futebol, com milhares de pessoas? E se eu cair enquanto estiver atendendo um jogador?

A resposta indiscutível do psiquiatra colocou fim aos receios infundados.

— Se você cair, morra. A gente vai lá, o pessoal vai te enterrar. Vai ser uma morte fantástica. Vai virar notícia nacional, nem todo mundo tem direito a uma morte como essa!

Por mais cruel que possa parecer a resposta do profissional, ele me conhecia, atuava no território seguro do tratamento e sabia como me chamar a responsabilidade, ainda que de forma dolorosa.

Na ocasião, o autoconhecimento se mostrava uma busca. Aprendia tudo o que dava conta de aprender com os mestres da motivação, que se destacavam mundo afora e no Brasil.

Caprichosa que é a vida, não tardou para me apresentar um novo e intrigante desafio. Eu, que trazia no histórico psicológico uma busca por escapes como o álcool, que esteve presente em minha vida antes e durante o início do casamento, agora me defrontava com um atleta do clube que lutava, exatamente, contra o alcoolismo.

O jogador havia passado por vários clubes e o problema com o álcool provavelmente acabaria com sua carreira. Aprontava, endoidava, atrasava no treino, mas era um excelente jogador que despertava a simpatia de vários treinadores famosos. Com uma genética que se assemelhava à de um animal em estado de caça, sempre alerta, pronto para o combate, o cara tomava uma cachaça danada e no outro dia, entrava em campo e destruía, como se nada tivesse bebido. No entanto, se o álcool não atrapalhava o seu desempenho em campo, fora dele os problemas se avolumavam.

O clube resolveu dispensá-lo. Sua esposa telefonou, pediu ajuda, uma nova chance, um apoio para levar o marido de volta aos gramados. Pedi aos colegas diretores para desenvolver um projeto de mudança de vida para o atleta, que comprou a ideia. Consistia em me acompanhar para visitar os enfermos, vítimas de acidentes automobilísticos, buscar auxílio no campo religioso e familiar, dar palestras nas escolas.

A experiência foi um sucesso e enquanto ajudava o rapaz, terapeuticamente eu me ajudava, cauterizava qualquer resquício das minhas feridas por lembrar do tempo em que busquei no álcool e na farra os escapes da vida.

O atleta se dedicou e abandonou o vício do álcool. Naquele período, o Asa de Arapiraca decolou na série B com a ajuda importante desse atleta e o rapaz foi contratado por um time árabe. Dubai passou a ser a nova morada de um cara cujo futuro, avaliado pelo presente do alcoolismo, se mostraria indefinido, nebuloso, imprevisível. Inclusive, uma das maiores emissoras de televisão do país providenciou uma longa matéria relatando a luta do atleta, a disposição para lutar, vencer o álcool e a triunfal volta por cima.

Sou grato pelo êxito do rapaz. O sucesso dele é sinal de que a questão quântica estava funcionando bem, como se a vida dissesse "ajude e será ajudado, cure e será curado".

Achei tão boa a experiência de ajudar alguém com problemas que não se resolvem do dia para a noite, que resolvi engrenar e ajudar outros, sempre que possível.

Durante a minha gestão do departamento médico, vi muitos atletas migrarem para grandes times e fiz muitos amigos no Asa, pelo Brasil afora. De certo modo, nas peneiras do clube, eu via um pouco de mim, do garoto que amava futebol e foi viver carreira noutra área.

Fiz o possível para ajudar os meninos e assim se passaram aqueles dias em que exercia a medicina na área esportiva. De volta ao exercício da medicina na fazenda, ao passo em que me recuperava dos dois anos de revés neurológico, um dia vi uma cena comovente.

Dois meninos jogavam futebol e no lugar de uma bola, usavam um coco, com toda a dureza que se possa imaginar. Aquilo me tocou profundamente a alma. Chamei aquelas crianças, convidei outras e juntamos um grupo de meninos. No dia seguinte, levei umas bolas, fui mais cedo do que de costume, para encontrá-los.

Complementei o futebol com palestras motivacionais para os garotos, usando o futebol como pano de fundo para ensinar aos meninos assuntos como concentração, trabalho em grupo, construção, foco, futuro, espírito de equipe e, é claro, gratidão.

O projeto ganhou força e a notícia se espalhou. Foram se juntando mais e mais meninos, que vinham cada vez de mais longe, cumprindo jornadas de dez quilômetros para fazer parte daquele grupo que se reunia com simplicidade, no meio da rua de barro usada como campo.

Não tínhamos um equipamento profissional de treino físico. Tudo fazia parte de um conjunto improvisado, das garrafas de plástico cheias de areia que viravam o golzinho do treino aos canos de PVC usados como barra de exercício. Foram cinco anos de um projeto marcado por muita inclusão, palestras, carinho e gratidão, com expressivos e positivos resultados.

Enquanto isso, a vida iria mais uma vez preparar mais um de seus atos. Depois do pânico, jamais havia passado por minha cabeça trabalhar novamente naquele hospital que marcou os tempos da doença. Em breve, teria que retornar ao hospital.

Tanto o exemplo do jogador profissional envolvido com o álcool, como o exemplo da garotada que viajava muitos quilômetros para aprender conceitos de socialização e espírito de equipe, demonstram o peso positivo da gratidão. A sensação advinda dessas experiências aponta que sem agradecer por tudo o que se vive, de bom ou ruim, auspicioso ou nocivo, agregador ou excludente, as chances de amadurecer, vencer, ascender e evoluir se tornam nulas, raras ou, no mínimo, morosas.

No caminho inverso, a incapacidade de sentir, bem como o ato de vivenciar a ingratidão íntima ou alheia (de si para si ou de si para os outros), abre uma porta larga para os processos depressivos e para comprovar essa afirmação, a lógica é simples.

"A depressão e a gratidão são incompatíveis. Ou uma está presente no cérebro, ou a outra."

Facultada a incompatibilidade, faz-se natural imaginar e quem sabe, até afirmar que os deprimidos são temporariamente incapazes de agradecer por tudo o que fizeram de bom nesta vida, ou de agradecer aos que contribuíram, técnica que poderia funcionar como parte do processo de cura procedida pela ciência e pelos fármacos.

Na mesma linha, quem sente gratidão pela vida que tem levado, pelos erros e acertos, por aqueles que ama, pelo emprego que possui e por ter chegado até ali, não consegue pensar em tristeza profunda. No máximo, pode ter um contato com a energia da tristeza, sem acessar a depressão e os males afins.

Assim penso. Não é uma afirmação à prova de falhas, nem pretendo demonstrar que o meu ponto de vista supera os de tantos autores que se dedicaram ao tema.

> **"Se eu conseguir gerar ao leitor mais uma maneira de enxergar a gratidão contra a depressão, o propósito da obra foi alcançado."**

Olhei para o relógio e me assustei com os ponteiros, que apontavam o avanço da madrugada. Foi então que me senti pleno outra vez. Escrever a respeito da gratidão me gera tanto prazer que não consigo ver a velocidade do tempo. Quando percebo, fiquei horas investigando as perspectivas filosóficas, científicas, subjetivas e pragmáticas do tema. Contudo, precisava acordar cedo porque a vida continuava e tinha cirurgia marcada na manhã seguinte. Fui dormir e quando cheguei ao quarto, Mirella descansava em sono profundo. Levei um tempinho para conciliar o sono, de tão grato que me sentia pela chance de gerar soluções aos que enfrentam a depressão, o pânico e outras doenças da mente.

Acordei disposto e parti para o trabalho. Atendi vários pacientes e à tarde, Dr. Smith chegou. Seguindo o costume, nem se preocupou em dizer "boa tarde". Era um homem objetivo demais para esses detalhes. Em suas mãos, um vaso da orquídea queixuda, também conhecida como "sapatinho".

— Dr. Jean, vim para cá com a intuição de que o senhor andou preparando um material interessante. Permita-me ler. – disse o bom doutor, ao mesmo tempo em que me entregava o vaso. - Essa orquídea é para Mirella. Ela está a caminho daqui, correto?

— Acho que sim, Dr. Smith. Não precisava se incomodar, meu amigo.

— Presente não é incômodo. O que me incomoda é ver uma boa orquídea com sede. As flores de cultura do Brasil parecem não cuidar bem desses tesouros. Coloque água na pobrezinha, por favor.

Fiz o que ele pediu e despejei um pouco de água na planta.

— Se me permite, o correto é floricultura e não flor de cultura.

— Ah, isso mesmo. Essas coisas do português. A gente aprende uma expressão e desaprende outras dez.

O supervisor de textos pegou as folhas e com um gesto, fez sinal de silêncio, para que pudesse se concentrar em meus escritos recentes. Pedi licença para atender a um chamado na área cirúrgica. Um dos meus pacientes sentiu dor após o efeito da anestesia. Dei uma boa olhada, estava tudo em ordem com a cirurgia em si e os sinais vitais. Aviei um analgésico e trinta minutos depois, voltei para a minha sala, onde Dr. Smith aguardava.

— Dr. Jean, o senhor entendeu bem aquilo que eu disse lá atrás. Escrever é isto, abrir o coração sem receio de ser julgado ou de perder credibilidade. Muito pelo contrário, quem diz a verdade mostra que merece o respeito. Diga-me uma coisa que o seu leitor com certeza há de querer saber: seria justo creditar a sua recuperação exclusivamente à gratidão?

Refleti por alguns segundos.

— Foi mais um recurso, uma prática fundamental, um bom pontapé que me chutou para cima e me afastou do fundo do poço. Por mais que eu reconheça o esforço daqueles que ajudaram e estenderam as mãos, só aceitei o tratamento a partir do instante em que me senti grato pelos meus acertos e erros. Afinal, estou aqui, em partes, por causa deles. Ninguém vive só de acertos. A partir daí a gratidão foi escalada e se tornou protagonista em minha vida. Não dou um passo sem agradecer a Deus, a mim, à vida, aos que amo. Sem enxergar a gratidão, não sei onde ou como eu estaria hoje. Outra maneira justa de avaliar a situação é que além da gratidão, a medicina, o apoio familiar, a atividade física, a ioga, a meditação, o autoconhecimento, a respiração consciente: tudo isso contribuiu e a orientação que posso deixar aos pacientes de depressão ou pânico vai nesse rumo. Que se procurem múltiplos caminhos e soluções interdisciplinares, mas que não se esqueçam de agradecer a si e aos outros, a cada passo.

— É um relato interessante. E os escapes, conseguiu dar fim a eles?

— Eu troquei os escapes pela gratidão. A bebida alcoólica, um dia grande aliada para extravasar o estresse, a pressão do centro cirúrgico e o peso de dirigir um hospital. Me conscientizei de que a gratidão é muito maior do que qualquer escape e isso não aconteceu por nenhuma razão sublime. Foi uma questão matemática mesmo. O álcool me permitia relaxar como um anestésico. Assim que os seus efeitos cessavam, as dores causadas pelo estresse e pelo pânico voltavam, me sufocando. Já a gratidão tem efeito permanente. Quanto mais eu agradecia a tudo e a todos, inclusive a mim, maior se transformava a minha força para vencer a depressão e menor ficava a síndrome do pânico.

Dr. Smith ficou me observando, parecia procurar as palavras certas.

— Dr. Jean, o senhor entende que há indícios para se cruzar dados lúdicos com dados científicos? Por exemplo, um estudo poderia determinar o tratamento de vícios, que por vezes acompanham os pacientes de pânico e depressão.

— Com os devidos cuidados para que o tema seja introduzido no tratamento de maneira natural e agregadora, no lugar de apresentá-la como uma solução central e única, entendo que a ciência vai encontrar meios para mensurar, apontar e relatar novos estudos que complementariam as pesquisas existentes.

— Acho que é por aí, Dr. Jean. Reparo que a gratidão teve papel central no tratamento do jogador indisciplinado, que enfrentava o álcool. Mas um atleta carrega as vantagens hormonais da prática esportiva. Como poderíamos contribuir com o leitor que está deprimido ou tem alguém deprimido na família? O que ele deveria fazer para patriarcar a gratidão e vencer a depressão?

— Agora o senhor fez uma pergunta excelente, Dr. Smith. A saber, o correto é praticar e não patriarcar. Acho que embora a cura seja por indivíduo, quem está amorosamente próximo precisa usar a empatia para adentrar no universo da pessoa deprimida. Não fosse a empatia de Mirella e a sua capacidade de abrir os meus olhos para que eu pudesse reconhecer e agradecer tudo o que havia construído, o gigante da depressão seria cada vez maior, porque esta é a sensação de quem enfrenta a depressão, parece que a doença é gigante e o enfermo, nanico.

— Os mais céticos e cartesianos poderiam até questionar as suas propostas, Dr. Jean. Mas vai ficando cada vez mais difícil refutar a gratidão tal qual o senhor propõe, sem abrir mão da ciência e do pragmatismo. Alguém poderia tentar dizer que é uma solução meio "Alice no País das Malvinas". Eu, que já vi muita coisa no campo da medicina, acredito no poder desse recurso. Mudar o mundo por meio da gratidão talvez seja um objetivo grandioso demais e vários tentaram fazê-lo com relativo sucesso, inclusive fora da América do Sul. Percebo que o poder do seu livro terá um impacto mais intimista, mais "um a um", o que me parece muito bom, já que as grandes mudanças da humanidade tiveram como ponto inicial uma pessoa, duas, três, até que as massas fossem vencidas e convencidas. Logo, meu amigo, no xadrez das soluções para a humanidade, a gratidão expressa em sua obra me parece ser uma peça de grande relevância.

— Obrigado e que assim seja, Dr. Smith. Até hoje, não descobri como posso agradecer por tanta ajuda e elucidação. Saiba que eu sinto profunda gratidão por seus conselhos e apontamentos.

— Eu sei e estamos numa ótima troca. Tenho aprendido bastante. Por hoje, preciso ir. A outra amiga requer minha supervisão e marcamos um bate-papo. Siga nesse caminho construtivo, o senhor está se mostrando um autor que não deixa brechas. Virei daqui a três dias, pode escrever com tranquilidade. Cadê sua esposa? Pelo jeito, não deu certo. Uma pena...

— Vou ligar para Mirella agora mesmo. Quem sabe ela está chegando? E com relação ao nosso próximo encontro, está combinado. De qualquer modo, amanhã é minha folga e não pretendo vir ao hospital, a menos que seja chamado.

Nada questionei sobre o meu supervisor retornar três dias depois. Dr. Smith vinha sendo bondoso demais e não faria sentido ditar maior regularidade nesses encontros de supervisão. Procurei o celular no bolso de dentro do jaleco, a fim de ligar para Mirella. Disquei o número e levantei a cabeça. Só alguns segundos se passaram, tempo suficiente para que o meu supervisor já tivesse deixado a sala.

Mirella entrou antes que eu pudesse discar o seu número. Olhou a belíssima orquídea sobre a mesa e foi logo brincando.

— Oi, mô. Espero que tenha comprado essa orquídea para mim. Ou seria para outra pessoa?

— Não, meu amor. Desta vez, o crédito pelas flores não é meu. Dr. Smith trouxe para você e saiu daqui neste instante, agorinha mesmo.

Mirella riu e brincou com a situação.

— Mais uma vez, nos desencontramos. Tô pra desistir, viu?

Conversamos um pouco e em seguida, fomos de mãos dadas até o carro. Vi Mirella partindo e concluí que chegava a hora de revelar que estava escrevendo uma obra sobre a gratidão. Ela fazia parte disso. Dentre outros objetivos, a intenção do conteúdo é ajudar o leitor a procurar as vantagens da gratidão para curar ou blindar as emoções, algo que Mirella fez por mim quase de maneira inconsciente, mas com muita competência, enquanto me ajudava a fazer com que me sentisse grato. Mirella, portanto, foi vital para que eu curasse as feridas e espantasse para longe os meus fantasmas.

Ao leitor, sugiro que além de sentir gratidão, estar mentalmente saudável requer a presença de uma figura como Mirella, alguém dotada de força suficiente para abrir os nossos olhos mesmo que insistamos em mantê-los fechados, alguém com vigor para nos emprestar a força que desaparece ou esmaece quando a depressão chega, alguém que doe amor por saber que esse sentimento, fruto primogênito da gratidão, é o caminho.

"Mais cedo ou mais tarde, a gentileza e a compaixão providenciam o encontro da mente com o coração."

Capítulo 6

Capítulo 6

Como gerenciar o estresse no trabalho e em família

No dia seguinte, minha folga, aproveitei para escrever um pouco e para isso, fui ao hospital e usei o meu consultório, em busca de refúgio. Não que em casa esse refúgio inexistisse. É que o silêncio do consultório me inspirava. Mirella compreendeu e não se opôs.

A busca pela formação de Psicoterapia Transpessoal, sob o formato de pós-graduação, me abriu um leque maior a respeito da compreensão de viver. Ao mesmo tempo em que aprendia, mais consciência se apresentava, que depois estudava e colocava em prática.

Os quatro anos que passei sem operar pacientes geraram certo receio de reassumir o bisturi e essa formação foi crucial para vencê-lo. Como relatei, a vida me concedia a honra de voltar às origens, só que agora, com outra visão e outros conhecimentos.

Inspirado pela leitura da obra "A Arte da Felicidade", de Dalai-Lama, comecei a exercitar, a praticar o que o livro propunha. E vi que a perspectiva do outro, se respeitada e considerada, tem grande efeito positivo em nossa vida.

Fui aceito por alguns colegas com quem compartilhei minhas buscas e sou grato, pois foram determinantes para a volta ao propósito central de minha existência, auxiliar as pessoas através da medicina, da cirurgia-geral. Inclusive, fiz questão de nominar esses profissionais no campo dos agradecimentos.

Voltei a operar no mesmo hospital que um dia testemunhou os momentos de minha ascensão e as escolhas que me levaram à queda (literal, se pensarmos no pé quebrado, e subjetiva, se pensarmos na depressão). Tanto o diretor como os demais pares me receberam com enorme carinho.

— O seu lugar é aqui, Dr. Jean. – diziam essas pessoas de bom coração.

Algumas dúvidas ainda pairavam em minha mente, mas a vida deu um jeito de mandar os seus mapas para facilitar e direcionar as escolhas, como se dissesse "é isso mesmo, rapaz".

Para acessar o Programa Saúde da Família, onde clinicava, conhecido como PSF, precisava dirigir pela estrada rumo a Maceió. Em menos de um mês me deparei com vários acidentes e por isso, chegava ao local antes do SAMU. Aquilo veio muito forte. Decidi então deixar aquele lugar e aquelas pessoas que foram cruciais em minha recuperação. Afinal, o meu coração pedia para avançar e ser sempre grato a elas.

Você precisa operar! – dizia uma voz que vinha de dentro de mim. Não era um tom de ordem. Estava mais para um sussurro, uma voz cheia de amor e ternura.

Enquanto isso, outra voz amada também me questionou.

— Você tem certeza disso, mô?

Confirmei para Mirella, voltei, me adaptei e lá fiquei. A vida seguia demonstrando suas alternâncias de humor e seus testes de resiliência.

Ainda por ocasião do projeto da garotada, continuava ligado à comunidade pelo futebol e sofri mais um acidente, desta vez o outro tornozelo. O pé ficou do mesmo jeito, troncho. Lá fui eu de novo, direto para o mesmo hospital em que tudo havia acontecido há oito anos. Nada mais natural do que rememorar aquelas singelas palavras que foram como uma facada em meu peito, por conta da postura diante dos relacionamentos que eu assumia na época. Porém existia uma diferença significativa e positiva. Nesse outro acidente, com o aprendizado da gratidão incutido em mim, a depressão curada e os escapes ignorados, minha relação com a equipe era marcada por amizade, carinho e muita, muita gratidão.

Tenho certeza de que a vida considera esses movimentos e mudanças. A prova disso se apresentou no comportamento dos colegas. Com o segundo tornozelo nessa situação, os colaboradores se preocupavam comigo, queriam ajudar, dizer uma ou duas palavras de apoio, amenizar a minha dor, deixar aquela situação a mais confortável possível. Bem diferente do evento anterior, em que a equipe só faltava celebrar o meu tornozelo quebrado.

Antes de ir ao hospital, passei em casa. Mirella me ajudou a tomar um banho e a minha filhinha disse algo inesquecível. Olhou para o pé quebrado, me deu um beijo e disparou.

— Painho, o senhor vai ficar bom e vai ver que nem há de doer nada!

Os ligamentos, rompidos. A boa notícia, não precisaria operar. A má notícia, deveria ficar em repouso por alguns meses.

Tempos novos, reparei uma mudança na minha reação emocional. No lugar de questionar "por que eu" ou me posicionar como vítima da vida ou do acaso, a gratidão me fez formular outra pergunta.

— *O que eu preciso aprender com isso?*

Deu-se o início de uma prática que eu levaria para toda a vida e recomendo para o leitor: se fazer essa pergunta diante das situações diversas, tanto as positivas quanto as adversas. O leitor vai perceber que mudam as perguntas e respostas, permanecendo a boa e saudável sensação de administrar o aprendizado cotidiano da vida.

No dia em que deixei o hospital a caminho da recuperação em casa, sobrou candidato para empurrar a cadeira de rodas, sendo que na primeira vez, precisei me virar. E quando eu dizia "obrigado", escutava todo tipo de feedback positivo. Aquelas pessoas se sentiam gratas pelo convívio que tinham comigo durante o exercício diário da medicina. E como fiquei feliz com essa volta por cima que aprendi a dar na área dos relacionamentos...

Outra vez, a gratidão se mostrava em seu esplendor. Ora comigo, ora com os meus pares. Desta vez, algo significativo aconteceu. Tinha sempre alguém me visitando, conversando. Até a percepção da fisioterapia mudou. Quando percebi, dois meses passaram voando e quase não senti dor, bem diferente daquele outro evento em que nada aliviava o suplício. A experiência reforça o fato de que a gratidão vem demonstrando ser cientificamente efetiva no controle da dor.

Um amigo sugeriu que estudasse enquanto repousava e topei. Encarei um concurso para a UFAL e um mestrado. Me preparava, assim, para o retorno à docência.

Fui aprovado para o concurso de cirurgia. Precisei lidar com a burocracia e ver a gratidão exigir o seu preço para todo o desenrolar do processo, mas o fato é que ser professor se mostrava o propósito aliado da missão de vida, tal qual um objetivo oculto, um presente existencial.

Assumi a disciplina de Saúde e Espiritualidade. Em seguida, criei o treinamento intitulado "Gerenciamento de Estresse" e fui ensinar as pessoas a lidarem com um assunto em que me especializei praticando: gerenciar o estresse, vencer a depressão e seus males parceiros, controlar a respiração e adotar a gratidão. Em tudo isso, eu acumulara uma experiência que precisava ser dividida.

Das ideias e planos até a prática, criei um treinamento e fui viver o primeiro experimento prático da criação. Apliquei dinâmicas e conteúdo que sensibilizaram os participantes. No fim, muitos me procuraram e disseram que eu precisava compartilhar aquele treinamento com mais pessoas.

Dentre o público, alguns pertenciam à área de saúde e outros vinham de setores totalmente estranhos à medicina. Isto é, a experiência foi realizada à luz da heterogeneidade.

Aproximadamente cem pessoas viveram o piloto do treinamento e amaram. Foi aí que percebi quão necessitados estavam os meus semelhantes em relação à gratidão, gerenciamento de estresse e recursos para combater a depressão.

Percebi que poderia levar o conteúdo de gerenciamento de estresse ao ambiente empresarial, setor que todos os anos entrega para tratamento centenas de milhares de deprimidos, que sucumbem à pressão diária da exigente rotina.

Senti que precisava de mais espaço para divulgar esses e outros temas relevantes para a sociedade e estruturei o programa de entrevistas "Conexão Saúde", onde reúno médicos, formadores de opinião consagrados, estudantes e qualquer um que possa ajudar o Brasil a minimizar o problema da depressão. Em todos esses projetos que vão nascendo e ganhando força, a gratidão é o pano de fundo multiplicador, lição que vale entregar ao leitor, para que tenha a máxima qualidade de vida e a melhor performance profissional.

De toda a obra, se essa parte ficar cravada no coração de quem lê, me darei por satisfeito e considerarei o projeto do livro exitoso:

Quanto mais sentimos, reconhecemos, compartilhamos e retribuímos a gratidão, maiores são as oportunidades de levar o tema da gratidão aos olhos e ao coração de quem precisa. A realização desse livro é um clássico exemplo.

Escutei batidas na porta. Achei estranho, não tinha pacientes naquele dia. Como os médicos vivem de plantão, levantei-me um pouco irritado pela interrupção e fui ver quem era. Para minha surpresa, Dr. Smith estava do outro lado da porta, com um sorriso amigo no rosto.

— Dr. Jean, me desculpo por ter vindo sem combinar. Estava passando por aqui e...

Dr. Smith abriu os braços, como se dissesse "quem sabe".

— Ué, o senhor soube que eu estaria aqui, hoje? – questionei, confuso pela repentina presença de meu supervisor.

— Não, só arrisquei. Segui os meus instintos, senti que o senhor escreveu um trecho que talvez gere uma ou duas perguntas. Posso dar uma olhada ou estou atrapalhando?

Convidei o amigo a tomar assento e coloquei o texto diante dele.

— Só não repare, Dr. Smith, não é muito texto porque comecei agorinha.

— Não precisa. O importante é o contido e não a quantidade.

— O senhor quis dizer conteúdo. – corrigi, enquanto servia o café que o médico bebericou de uma só vez. Levantou o olhar e sacou uma pergunta.

— Ah, o português, nobre amigo. Me freta cada peça.

Achei contraproducente dizer que o certo é pregar peça e como não resisti, disse assim mesmo.

— Fretar é contratar um transporte, Dr. Smith. O senhor quis dizer "me prega cada peça".

— Isso mesmo. E tenho uma pergunta para começarmos: o ambiente empresarial brasileiro absorve melhor o tema do gerenciamento de estresse ou da depressão?

— Uma boa pergunta. Os dois assuntos são caros para a sociedade. Isso não quer dizer que o setor empresarial esteja pronto para discuti-los e abordá-los. Perdura uma certa relutância das empresas. Uma parte delas ainda prefere imaginar que a pressão de seus negócios não adoece os colaboradores. No entanto, todos sabemos quão insalubre pode ser a disputa pela ascensão, a busca desenfreada por metas e a inabilidade de alguns líderes. As três situações vivenciadas no dia a dia, Dr. Smith, deixam um inevitável efeito de longo prazo.

— Então, qual seria a solução?

Percebi que o amigo me provocava a gerar respostas e me senti grato por sua presença naquele dia em que me sentia menos inspirado para escrever.

— Obrigado por ter vindo, Dr. Smith. A sua pergunta é vital para oferecer uma lição tripla às empresas: 1) é fundamental criar mecanismos de contrapeso para a pressão diária, como um programa de treinamento que aborde o gerenciamento de estresse, um programa que vise à prática esportiva em grupo, nutricional e por aí vai; 2) todo colaborador anseia o crescimento e isso não lhe dá o direito de buscá-lo a qualquer custo, porque se a empresa de fato se preocupa com a saúde física e mental de quem faz a sua roda girar, criará meios para que a elevação na carreira seja disputada e obtida num ambiente saudável, visto que concorrer é positivo, mas combater o par como se inimigo de guerra fosse, só faz adoecer a equipe; 3) e por último, a liderança deve ser treinada para buscar o resultado da equipe sem abrir mão do respeito à individualidade, o que faria todo bom resultado se tornar frágil e pouco duradouro. O senhor bem sabe, é assim que fazemos na área médica. Do instrumentador ao enfermeiro, do paciente ao anestesista, da recepção ao manobrista do hospital, da presidência à faxina, precisamos de um time que vise gerar saúde.

— Dá para detalhar, Dr. Jean?

— No hospital, o manobrista não dirige só um carro. É o veículo de alguém que está ali por causa da enfermidade, seja desse motorista ou de um familiar. A faxineira não limpa um chão displicentemente. Ela ajuda a manter o ambiente livre de contaminantes que acarretariam ao paciente uma infecção hospitalar. O principal líder não escapa dessa responsabilidade e mais do que zelar por seus pacientes e colaboradores, ele precisa ter o pensamento macro de que está cuidando de quem cuida, liderando quem salva. Tudo isso faz parte do gerenciamento de estresse e da gratidão, dois recursos que precisam estar presentes em qualquer segmento, do hospitalar ao empresarial, do privado ao público, do comércio à indústria.

O amigo médico me olhava com uma aura de orgulho.

— Ah, Dr. Jean, como me sinto grato por ter acesso aos seus pontos de vista. O senhor, vítima da depressão e da falta de gerenciamento de estresse, está habilitado para decodificar os dois assuntos. Forme opinião. Se os setores comercial e industrial de seu país ainda não têm discutido abertamente esses assuntos, tome a frente. O senhor é médico. Uma coisa é o profissional que começou ontem a defender esses assuntos sem conhecê-los. Outra, bem diferente, é uma autoridade não só reconhecida pela comunidade acadêmica, mas que viveu na pele o efeito desses males, que detém a habilidade docente para ensinar o empresariado nacional a enxergar as necessidades do colaborador.

Não pude deixar de notar um detalhe e comentei.

— Dr. Smith, obrigado pela confiança. Reparei que o senhor fez uma longa explanação sem qualquer erro. Seu português está evoluindo. Parabéns!

O colega deu risada, respondeu e fixou outra pergunta.

— Uma hora dessas eu memorizo as complexidades da língua de vocês. Em outras palavras, o senhor está dizendo que ao juntar os temas gerenciamento de estresse, prática da gratidão e combate à depressão, o empresário caminha para o sucesso?

— Não, meu caro Dr. Smith. É bem mais do que isso. A depressão é uma das doenças que mais afastam as pessoas do trabalho. Vejo que o empresário que se preocupa com a saúde de sua equipe avança a passos largos, não só para obter sucesso financeiro, mas na obtenção da felicidade plena, uma vez que o absenteísmo e o presenteísmo estão por aí, gerando custos exorbitantes. E além disso ceifando vidas, daqueles que estiveram tão perto, que nos auxiliam nas conquistas diárias e agora estão na berlinda das patologias.

Não reconheci essas palavras. O que são absenteísmo e presenteísmo?

— Absenteísmo é a ausência do colaborador por razões médicas, para tratamento, que tem aumentado bastante, segundo as organizações que fazem pesquisas de campo. Presenteísmo é o que explica a pessoa estar fisicamente no trabalho, mas com a mente e as ações em outro lugar, o que compromete sua produtividade.

O amigo me pediu mais um café e pausamos a conversa. Em seguida, deu outra deixa para um tema de extrema relevância, a substituição.

— Dr. Jean, não quero bancar o advogado do diabo, porém temo que algum leitor desavisado possa entender que o senhor está recomendando práticas e treinamentos para tratar os doentes.

— Ainda bem que levantou o ponto. Em treinamentos ou programas de gerenciamento de estresse, embora eu seja médico, não aplico consulta e sim ferramentas que permitem aferir o índice de estresse e os riscos de adoecimento a que estão expostos os colaboradores. Por isso, Dr. Smith, o senhor é meu colega de profissão e está ciente disso. Mas cabe deixarmos evidente para o público leigo: não se busca o tratamento no ambiente de treinamento comportamental ou educacional. Quaisquer males devem ser tratados em consultórios e hospitais especializados. O que ofereço aos empresários e seus colaboradores é uma chance preventiva, uma oportunidade de se evitar o mais caro dos prejuízos, que é o adoecimento dos verdadeiros responsáveis pelo sucesso empresarial, as pessoas. Numa consultoria organizacional, para ilustrar, é comum identificar problemas de relacionamento e a contrapartida que ofereço, o antídoto, consiste numa, digamos assim, injeção de autoconhecimento, de consciência corporal, hormonal e mental.

— O senhor diria que a partir desse avanço de conhecimento e consciência...

O supervisor levantou as palmas das mãos, me pedindo que complementasse.

— Para mim, Dr. Smith, gerenciar o estresse é impossível sem conhecer o papel que os hormônios exercem no corpo. Evitar a depressão sem estabelecer uma conexão segura com a maneira que respiramos é impossível. E por último, exercitar a gratidão sem conhecer os benefícios que o exercício de agradecer oferece para a qualidade de vida torna essas vantagens impraticáveis. O principal benefício das práticas é um norte a respeito do que acontece nos esconderijos do cérebro, no aparente gesto simples de respirar e nos efeitos de nossas decisões, inevitavelmente baseadas na circunstância hormonal que estamos vivendo enquanto decidimos.

— Isso talvez quebre alguns micos, certo? Há quem pense que o estresse só tem o seu papel negativo, por exemplo.

— Pois é, Dr. Smith. Mas devemos quebrar o mito. O senhor disse quebrar o "mico" e se um ambientalista o escuta, é capaz de chamar a polícia porque mico é macaco.

Noutra raríssima ocasião, vi o médico dar uma gargalhada.

— Essa foi a pior das minhas gafes, Dr. Jean. E a resposta?

— É como eu digo em minhas palestras, imagine a pessoa se deparando com uma cobra-coral, venenosíssima, ou com um *pit bull* disposto a tudo. O corpo é fantástico e dotado da resposta que é uma cascata hormonal, química e física, que provoca uma coisa que Hans Selye e outros autores classificaram como "fuga e luta", dado o momento em que o ser humano se prepara para dois caminhos, fugir ou lutar. Se não fôssemos dotados desse recurso que envolve cortisol e muita adrenalina, morreríamos sem lutar ou fugir, pouco reativos, paralisados pelo medo. É justamente essa carga de "estresse químico" que nos movimenta em busca daquilo que está programado em nosso DNA tal qual um caminho natural, a sobrevivência. No dia a dia, o que costuma ocorrer é que as pessoas usam essa potente combinação química contra aqueles que amam ou com quem convivem. A exemplificar, a família e os colegas de trabalho. Se a pessoa tiver a consciência do que está acontecendo dentro dela, aprenderá a gerenciar o estresse de modo a direcioná-lo para decisões assertivas.

— Isso é uma constante nos Estados Unidos. Por aqui é comum?

— Muito. Eu chamo de Síndrome das bolinhas mágicas. O filho diz "papai, quero brincar" e toma uma bronca. O cara está tão estressado, que vai tomar as bolinhas (medicação) para relaxar, pois chega em casa e para brincar com a criança hiperativa, repleta de energia para dar e vender, ele manda para dentro uma bolinha mágica. É um absurdo!

O médico norte-americano fez o seu habitual gesto que repetia ao ficar pensativo. E mandou a pergunta que orbitava sua mente.

— Nos EUA, às vezes se descobre em diagnóstico que o suposto hiperativismo, a despeito do que os pais pensavam, na realidade, não existia.

— Dr. Smith, por aqui o mesmo problema se verifica. O pai chega em casa esgotado, fadigado e a criança está no natural dela. Passou o dia todo sem ver o pai, sem ver a mãe. Está querendo brincar e com energia de sobra. Irritado por entender que não poderá descansar enquanto não der atenção à criança, carregado de cortisol, esse pai provavelmente será indelicado, senão agressivo, pois o estresse é uma bomba-relógio que pode ser detonada a qualquer instante contra qualquer vítima. De outra forma, se esse pai conhecesse os próprios hormônios, saberia fazer toda essa leitura interna que acabo de demonstrar e teria a chance de ser mais generoso, atencioso e compreensivo com a criança que ama.

— O mesmo conceito se aplica às relações profissionais?

— Totalmente intercambiável. O líder não é agressivo à toa e mesmo os colaboradores, entre si, não se tornam desafetos pelo fato de não gostarem um do outro. É normal que a ingerência do estresse, o desconhecimento do padrão respiratório ou a incapacidade de ter, sentir e demonstrar gratidão seja a causa dos ruídos de comunicação, o que explica o porquê dos alarmantes resultados apontados pelas pesquisas de clima.

Dr. Smith me pediu um aparte para formular suas considerações.

— Com trezentos milhões de deprimidos em todo o mundo, número que está em franco crescimento, adotar os seus conselhos e aceitar esse movimento evolutivo me parece mais do que uma mera decisão empresarial. O ser humano necessita vivenciar a gratidão, aprender a contingenciar o estresse e prevenir-se contra a depressão, levando em conta a premissa de que ninguém pode dizer que é imune aos males da depressão.

— E tem as questões regionais, Dr. Smith. Lembre-se do que eu comentei em outro capítulo; aqui na minha região, as pessoas têm vergonha de dizer que foram ao psiquiatra ou que fazem psicoterapia. Aconteceu comigo e só melhorei depois de assumir e aceitar o tratamento. Para o senhor ter uma ideia, a região de Arapiraca, que não chega a 300 mil habitantes, tem um alto índice de suicídio, se comparada ao restante do país ou do mundo. A causa mais provável aponta para as doenças emocionais não tratadas e não curadas, que chegam fortes, sedutoras, se estabelecem e ficam cada vez mais fortes, seja qual for a classe social ou a idade. Em resumo, meu amigo, precisei chegar ao fundo do poço até decidir me tratar. A minha ideia, a partir desses tantos projetos em que me dedico a ministrar palestras, treinamentos, rádio e até o programa de web televisão em que sou o entrevistador, é fazer com que o meu semelhante se conheça e se trate antes de conhecer o limo que está no fundo do poço.

Dr. Smith tomou um gole de água e disparou outra questão. Nossa conversa estava fluindo com enorme desenvoltura.

— E qual seria, Dr. Jean, o maior de todos os aprendizados que o senhor pode compartilhar, enquanto procurava a cura para a depressão e a síndrome do pânico? O que entregaria ao leitor como uma tarefa imprescindível aos que lutam contra a depressão?

Desta vez, eu que precisei de alguns segundos para refletir sobre uma pergunta simples e ao mesmo tempo, tão profunda. Assim que encontrei a resposta, olhei para o meu supervisor e a ofereci, quase como um desabafo.

— Foram muitas ações e momentos relevantes. O instante crucial da minha recuperação foi quando me sentei à mesa com Mirella, para falar com clareza e muita honestidade que aquela não era a vida que havia sonhado para mim e minha família, que precisava de ajuda para esclarecer as doenças que enfrentava e compartilhar os meus fantasmas com aqueles que amo.

Tive a chance de falar e ouvir, abraçar e ser abraçado, pedir e receber apoio. Eu diria que a partir desse dia, a melhora foi muito mais rápida.

— A sua lição vai ao encontro de uma centenária pesquisa de Harvard, segundo a qual o elemento mais importante da vida é a qualidade do relacionamento estável entre indivíduos. Ou seja, no momento que a ficha pega, você tem alguém do seu lado dando apoio.

Eu ri alto do erro de meu amigo.

— Dr. Smith, a gíria é "o bicho pega" e não "a ficha pega". Sobre o assunto, admitir e enfrentar a depressão pode ser mais difícil do que procurar a recuperação. Alguns pacientes optam por se manterem em constante estado de solidão, privação e negação. E há uma alternativa, um complemento que eu ofereceria àquela pergunta que o senhor elaborou, a respeito do maior de todos os aprendizados. O senhor me permitiria?

— É claro. – devolveu o supervisor, fazendo com a mão um gesto para que eu continuasse.

— Após o tratamento acompanhado pela ciência (os remédios ajudaram muito) e o envolvimento da família, há uma última tarefa. Me refiro ao uso dos impulsionadores de hormônios, que fazem aumentar endorfina e serotonina e que não podem faltar, como a gratidão e os exercícios físicos.

— Pelo que entendi, o senhor não acredita numa cura única, dissociada das outras práticas que visam curar. Noto uma postura multidisciplinar em suas estratégias. É isso mesmo, Dr. Jean?

— Vamos pensar na depressão e no estresse como "doenças inteligentes", capazes de curvar o paciente. Do mesmo jeito que a depressão e o estresse têm aliados como o cortisol, a tristeza, a pressão, a ansiedade, o TOC, os escapes da vítima e tantos outros. Do lado de lá, vivendo as dificuldades de ser paciente em relação à cura e paciente em relação à doença, a pessoa merece contar com um arsenal, um leque de opções. Embora umas sejam mais fortes do que outras para a cura, todas têm a sua importância. Por exemplo, eu resolvi me cuidar utilizando a conexão: mente, corpo e consciência. Podemos considerar uma equipe que se encarrega da nutrição e outra, da educação física do paciente. O psicólogo se encarrega das perspectivas comportamentais. O coach trabalha em linhas paralelas, igualmente voltadas para o comportamento. E vários outros profissionais, que vão ajudando a diminuir a medicação, para que o paciente não passe toda a vida sob o efeito dos fármacos. Por isso, Dr. Smith, as medidas integrativas ajudam a diminuir a medicalização e, num caminho promissor, vale olhar para dentro de casa, para o íntimo, até identificar e praticar todas as chances de cura.

— Isso evitaria o que estou pensando...

Dr. Smith e eu tínhamos ótima sintonia. Ele acompanhava a minha linha de raciocínio como poucos e só afirmei aquilo que o colega de profissão já deduzira.

— Isso poderia sim evitar o suicídio. Já se teve notícia de suicida que preferiu dar cabo da vida a se abrir com quem ama e procurar ajuda. A ingerência do estresse resulta nesta que é a maior das consequências, o suicídio. E a vítima morre por falta de coragem de lidar com os problemas, por desespero, por vergonha de abrir suas dores para a família.

— E o papel da família no tratamento do estresse, da ansiedade, da depressão, o que o familiar poderia fazer para colaborar ao máximo?

— Dr. Smith, acho que sentar ao lado de todos para falar e ouvir é um caminho fundamental. Com relação àqueles que amam e desejam ajudar o familiar enfermo, três orientações a transmitir. 1) o familiar não é o médico do enfermo e por isso, não pode sair diagnosticando, aviando remédios a partir do que pesquisou na internet ou determinando o melhor método para a cura; 2) conversar e esclarecer tudo o que for possível é positivo e produtivo, mas julgar quem enfrenta os males da mente, além de cruel, não ajuda em nada e por essa razão, deve-se evitar comentários como "eu disse, você fica aí pelos cantos, agora deprimiu" ou "tá vendo, eu falei que você deveria ter se separado, a culpa é do seu marido"; 3) Um dos maiores receios de quem vivencia as doenças da mente reside nas consequências que irá colher quando se abrir para a família e infelizmente, em vários casos, o familiar descarrega sandices como "isso aí é piti", "é frescura", "é falta de peia[3] ".

— Muito bem, Dr. Jean. A abordagem de suas respostas está gerando um excelente fechamento para a obra. O senhor tem essa mesma percepção?

— Com humildade e gratidão, Dr. Smith, eu concordo.

— Hoje, que por acaso é sua folga, tenho condições de avançar. Se quiser e puder evoluir, nós continuamos e quem sabe assim, concluímos a obra. Depois, o senhor escuta esses áudios gravados de nossas conversas e decide o que deve ser transcrito e publicado. O que acha?

Concordei sem hesitações. Pedi licença para telefonar e avisar Mirella.

— Meu amor, é só para avisar que provavelmente vou chegar mais tarde. E, aproveitando, chegou a hora de revelar o que farei com os áudios gravados nos encontros com o meu supervisor, Dr. Smith. Estou transcrevendo essas nossas conversas nas quais ele me entrevista e me orienta. O plano é oferecer aos leitores a experiência com a depressão, o gerenciamento do estresse, a gratidão, a meditação, para servir como referência aos pacientes que enfrentam a depressão ou ajudam seus familiares a enfrentar. O que acha?

Mirella ficou encantada com a ideia.

— Poxa, mô, que maravilha, parabéns e pode contar

3 Peia – expressão comum na região nordestina, é sinônimo de surra, coça.

comigo para o que precisar! Pensei que vocês pretendiam defender uma tese ou alguma coisa mais chata.

Conversamos um pouco mais e ficamos de celebrar o projeto. Quando desliguei, Dr. Smith fez uma sugestão.

— Dr. Jean, pense em abrir um derradeiro capítulo para desmistificar a meditação. Eu sei que é uma técnica que o senhor aplica em si todos os dias. Que título o senhor daria ao capítulo que visaria propor um jeito mais flexível e menos cético de se olhar a meditação?

Outra vez, concordei com o meu supervisor de textos e migramos ao último capítulo, que apresento a partir de agora. A resposta que dei ao Dr. Smith se transformou no título. Antes de avançar para o nosso capítulo de despedida, deixo uma reflexão que ampara o teor da discussão desse trecho.

> **"Gerenciar o estresse do cotidiano é o mesmo que fechar o portal através do qual a depressão envia o seu exército. Faça-o e o inimigo recuará."**

Capítulo 7

Capítulo 7

Meditação não é frescura, nem coisa de bicho-grilo

— Primeiro, deixe-me entender a expressão frescura. É o mesmo que frescor?

— Quase, Dr. Smith. A palavra frescura tem relação com brisa, frescor, mas é usada como gíria para explicar o dengo, o excesso de sentimentalismo.

— Entendi. E qual é a relação entre o bicho-grilo, que é um inseto, e a meditação?

Eu ri da ingenuidade linguística do amigo e expliquei.

— Meu caro Dr. Smith, grilo é um inseto. No entanto, aqui no Brasil, usamos a expressão bicho-grilo para citar alguém mais despreocupado, que não está nem aí para as convenções sociais e vive do jeito que quer, conforme suas leis e crenças.

— Ah, aprendi mais uma. A língua de seu país não tem fim. Quando aprendo as regras, percebo que desconheço as gírias. E quando aprendo as gírias, desaprendo as regras.

Rimos muito e tomamos o que deve ter sido o quinto ou sexto café daquela tarde que chegava ao fim e dava espaço para a noite. Outra vez sentados e prontos para a finalização do trabalho, ele cofiou a barba branca e me chamou para a labuta.

— Dr. Jean, sabemos que o estresse é uma expressão da física criada para explicar o desgaste, a fadiga de uma peça, um equipamento, uma ferramenta. E sabemos que outros setores adotaram a expressão, inclusive a ciência. Seria o estresse das pessoas uma espécie de alvo da meditação? É isso que a técnica propõe?

— Não com especificidade, meu amigo. O foco é atenção plena a tudo e essa característica de foco total acaba abarcando o estresse, seja pelo contato com a respiração ou pelo estado interno em que nos encontramos. Trocando em miúdos, é o status hormonal, que resulta do estado de espírito, do humor, das reações e decisões. Com tamanha abrangência de ação, é de se esperar que a meditação alcance e trate também o estresse. Aí sim, pensando dessa maneira, a resposta é afirmativa.

— As resistências ao tema acompanham o padrão norte-americano, que se contrapõe aos temas de autoconhecimento propostos pelo oriente?

— Não tenho dúvidas. Refletindo sobre a maioria, as pessoas se dizem flexíveis e na prática, só adotam escolhas e recursos pragmáticos para a sua vida. Por exemplo, é mais fácil convencer um executivo a investir dois anos em mais uma especialização para ascender na carreira, do que convencê-lo a experimentar dez dias de meditação.

— Interessante a sua comparação. Nos Estados Unidos, a realidade se assemelha. Ao apresentarmos uma proposta mais lúdica e diferente da rotina de negócios a que estão habituados, a pessoa espada.

— Espana, Dr. Smith. A gíria correta é "a pessoa espana", que significa que a pessoa corre, evita, desiste.

— Ahahahahah, não disse? Basta aprender uma gíria e esqueço a outra. Retomando, como o senhor acha que a meditação age no combate ao estresse?

— Vou pedir licença outra vez ao leitor, para dar uma explicação mais científica. O ser humano tem um limite de carga emocional, razão pela qual acaba subjugado pelas doenças que atacam a mente assim que vencem a resistência, como aquela analogia do exército, que propus. Uma vez que as tropas da depressão se alojam, nossas defesas sofrem baixas. Quanto ao estresse, ele se divide em fases de alerta, resistência e exaustão. O organismo se prepara para gerar equilíbrio assim que percebe os picos hormonais, no momento em que afere hormônios em produção irregular, como se dissesse ao restante do corpo "pô, o que tá acontecendo? Vamos dar um jeito nesse excesso de cortisol". O organismo é inteligente, aprendeu a registrar no DNA esses ajustes. A insulina muda, triglicérides mudam, as taxas de colesterol mudam. Toda a bioquímica é composta para fazer isso de maneira inteligente e rápida, para o organismo entender que precisa de energia com urgência.

— A consciência em relação ao humor e ao estado de espírito se encaixa na reflexão? — indagou Dr. Smith.

O alto nível das perguntas de Dr. Smith facilitava o meu desafio autoral. Pensei um pouco e desenvolvi a resposta.

— Se encaixa e no dia a dia, é possível comprovar quando a gente pergunta para a pessoa se ela está bem e escuta aquelas respostas "na correria, "matando um leão por dia", "trabalhando feito louco". Com essa contemplação da própria vida, é presumível que seria difícil, senão impossível, que ela costume tomar consciência de sua respiração, meditar antes, durante e depois das decisões que leva a cabo. Muita gente considera isso uma perda de tempo, coisa de bicho-grilo, de gente doida ou de indiano que não faz outra coisa.

— O senhor diria que a pessoa perde tempo porque não precisa ou porque não quer inverter em autoconhecimento?

Pensei um pouco para responder. Parecia uma pergunta fácil e na verdade, carregava sua complexidade filosófica, como toda questão formulada por meu supervisor.

— Bom, vamos começar pelo português. O correto é "investir em conhecimento", Dr. Smith porque "inverter" é mudar o lado de alguma situação ou objeto. Quanto à resposta, o brasileiro está mais propenso a aceitar as práticas subjetivas. Não pense, no entanto, que esteja totalmente flexível e aberto para as novidades. Todas essas práticas são evitadas ou procrastinadas pela maioria, tanto quanto possível. Mas veja o paradoxo: quando o ser humano adoece e se transforma em paciente, tudo muda. Enquanto saudável, existe todo tipo de relutância em conhecer os recursos do corpo e da mente, assuntos vistos como tabu ou frescura. Assim que encara uma enfermidade, principalmente se a cura é complexa, tudo muda. A pessoa se mostra totalmente aberta a conhecer ferramentas novas, tais quais gratidão, autoconhecimento, meditação, gerenciamento de estresse e até as que são mais espinhosas aos pragmáticos, como motivação e superação. O senhor observa como a necessidade altera a maneira de contemplar e lutar pela vida?

— Estou de acordo com a sua convicção, Dr. Jean. Parece uma questão comportamental disparada pelo instinto de sobreviver. Como escolhemos a meditação para fechar o livro, o que o senhor tem a esclarecer a respeito de algum benefício que não seja tão óbvio quanto respirar melhor, frear o estresse e tomar decisões melhores? Não que isso tudo seja insuficiente, vejo grandes benefícios citados, porém insisto que o senhor apresente algo diferente, do mesmo jeito que fez ao relatar os assuntos dos demais capítulos.

— Fechado, Dr. Smith. O que eu mais percebi em mim e nas pessoas com quem venho conversando sobre meditação, é que começamos a entender que as palavras têm força decisiva para moldar muito do que há dentro de nós e para expressar aquela força que vem de dentro. Bons ou não, os pensamentos de quem medita começam a ter força e importância para o dia a dia, como se o ser humano se tornasse senhor de seu destino, nas qualidades de cocriador e protagonista de sua realidade.

— É uma interessante maneira de enxergar o tema. Segundo o senhor acredita, seria factível levar essa estratégia para o campo dos negócios e da carreira ou nessa contemplação, a meditação seria útil apenas para o plano pessoal?

Desta vez não precisei refletir. A resposta estava pronta em meu coração de médico que pratica a meditação e pode opinar com conhecimento de causa.

— Quem medita com frequência acaba descobrindo que separar a vida pessoal da profissional é uma ilusão que criamos para lidar com a pressão de ambas as áreas. O ser humano não tem caixas na prateleira em que possa acomodar uma e outra vida. Somos no trabalho o reflexo do que somos no lar e vice-versa. A vantagem da meditação nesse contexto é que facilita a transmissão da realidade. Aquilo que vemos no externo como benéfico para a vida pode ser absorvido, internalizado, desde que passemos a ver e aceitar, com gratidão. Por exemplo: eu sou grato pela pressão que recebo como cirurgião, porque me deixa mais alerta, gera um pouco mais de estresse, que recebo e agradeço. Operar alguém, o senhor sabe disso, prevê que se mantenha o equilíbrio e se aceite a pressão, a responsabilidade de manter a pessoa viva e saudável. O mesmo acontece nos negócios, em que o líder recebe a natural incumbência de fazer a sua parte para manter a empresa viva e saudável. A mesma visão pode ser observada nos lares, em que os pais recebem a natural obrigação de zelar pela formação de filhos, para que façam o bem, que sejam pessoas dignas. Nas idas e vindas dessas tantas reflexões, veja que a expressão naturalidade se faz importantíssima porque fazer o melhor possível como marido, cirurgião, líder, pai, irmão, filho, amigo e indivíduo não é tarefa fácil. Todas essas áreas têm a sua carga de pressão, de estresse. A meditação entra em cada um desses setores com o poder de nos fazer olhar o todo, dedicar atenção focada em cada área, fazer e fazer bem uma coisa de cada vez. Em contraponto, se no lugar da meditação usarmos a "obrigação" de executar o melhor possível em cada um desses papéis, acabaremos por abrir uma porta de alto padrão e estender um tapete vermelho para que a depressão e seu exército entrem nos portais de nossa mente e façam dela uma hospedagem de longo prazo.

Dr. Smith me olhava com atenção, balançando a cabeça afirmativamente, até que partilhou o que pensava.

— É isso que eu procurava. Foi bom ter decidido

acompanhar ao vivo o término da obra, Dr. Jean. Quero ainda fazer outra pergunta. A meditação poderia ser um natural recurso para combater a Síndrome de *Burnout*?

— Com os cuidados que mencionei em relação aos demais temas, sim. Vale lembrar que a meditação é uma ferramenta vibrante para manter nos eixos alguém que está saudável. Aos que estão doentes, a técnica é um complemento que corrobora e não substitui o tratamento de nenhum quadro. Acho que cabe, outra vez, deixar isso bem evidente, Dr. Smith, porque eu sei que o senhor sabe. Meu temor é que algum leitor desavisado pense em passar o dia inteiro meditando enquanto desiste do tratamento. Considerada essa cautela, a resposta é afirmativa. Na prática, as consultorias e as pesquisas vêm mostrando que mais da metade dos brasileiros estão insatisfeitos com o que fazem. A ISMA, International Stress Management Association, que aborda o tema do gerenciamento do estresse em escala internacional e que tem sede no Brasil, em Porto Alegre, com a doutora Ana Maria Rossi, mostra estudos que apontam expressivo número de pessoas insatisfeitas com o que fazem. Então, um dos enfrentamentos que cabem à medicina e, por que não dizer, ao empresariado, é essa massiva insatisfação dos colaboradores com o que fazem. Oferecendo a minha história de vida como um caso a se estudar, quantos mapas a vida me mostrou para que eu mudasse? Eu, um cara que caminhava rumo a essa insatisfação e só consegui conexão com a minha missão de vida, o meu propósito, com aquilo que me motiva a acordar todos os dias, quando contatei a gratidão, a meditação, quando me agradeci, no instante em que me tornei grato em relação às pessoas próximas e à vida. Ao me encontrar com aquilo que amo, alcancei a grande chance de resgatar, mesmo com as adversidades, a força intrínseca que me motivaria muito. É isso que deixo como legado, pois se eu consegui, o leitor necessitado conseguirá. E não estou falando de um universo paralelo, de um "mundo Pollyana" que ignore os problemas em nome de uma felicidade fugidia e utópica. Os problemas são reais, vão existir, mas temos a grande chance de dizer: "poxa, isto aqui é o que eu amo, é o que eu gosto e vou enfrentar". É aí que entra a meditação, chave que só abre portas saudáveis e protetivas.

— Me perdoe, Dr. Jean. Não quero ser indelicado. Em nome da qualidade de sua obra, não vi como a meditação entra para solucionar a Síndrome de Burnout, quc perguntei antes.

— Não se desculpe. Eu vou chegar lá. A instabilidade no emprego gera um medo que tem potencial para avançar à depressão e à síndrome de pânico. Já a estabilidade com insatisfação, porém com a certeza de ter o dinheirinho mensal preservado e não avaliar as possíveis mudanças ou alterações da rota, pode ser um caminho para a Síndrome de Burnout. O pior acontece e esses males prevalecem quando existe um caminho gradativo que ganha força pelo fato de a pessoa não se perceber, não se conhecer, não saber respirar, ignorar como funciona por dentro. Entra em cena, nesse cenário, a meditação, com o papel preventivo de trazer equilíbrio entre as sensações e emoções porque permite observar tanto o medo de perder o emprego, como o medo de mudar de carreira, por sua característica de expor os mapas da vida e propiciar o foco no todo, do micro ao macro, dos detalhes antes invisíveis à abrangência das perspectivas e escolhas.

— A estabilidade teria, de acordo com a sua análise, uma posição dual?

— Sim, Dr. Smith. Exemplifiquemos: é maravilhoso sentir que as ações e conexões para a realização de um grande sonho estão em andamento. Mas não é razoável passar a sofrer porque um só passo deixou de ser dado. O casamento pode ilustrar; se a pessoa não ama e não respeita mais a outra, manter a relação em nome de uma estabilidade social pode resultar em depressão. Outro exemplo é o emprego; se a ocupação deixou de representar o propósito de vida, manter o emprego para sentir a segurança da estabilidade é um flerte direto com a Síndrome de Burnout, que é uma doença gerada pelo desgaste e pelas tensões exacerbadas no trabalho.

— Nos EUA, os empresários começaram a enxergar

com mais cautela a Síndrome de Burnout. E aqui no Brasil, como anda o queijão?

— O senhor quis dizer "como anda a questão", Dr. Smith. Uma parcela do meio empresarial entende que o problema é sério. Outra, não investe em prevenção porque ainda vê como frescura. Tem até empresário que alega gastar muito dinheiro com a infelicidade dos seus funcionários e diz "o funcionário fica triste e eu que pago a conta". Ora, se é de conhecimento comum que o estresse crônico gera doença e que a Síndrome de *Burnout* é o estresse crônico, é natural que um e outro indivíduo não saibam lidar com os estímulos da doença, que são os mecanismos estressores, presentes no ambiente de trabalho, como a pressão, as metas, o assédio moral, os processos insalubres, a política das relações entre líderes e liderados ou, numa hipótese igualmente plausível, o mecanismo estressor pode estar até no perfil do trabalho, como a mineração, o hospital ou a bolsa de valores. É preciso entender que há ainda os danos ocasionados pelos fatores internos da pessoa, ou fatores familiares. É um grande engano supor que o funcionário não leva problema de casa para o trabalho. Só o seu país investe vários bilhões de dólares por ano na tentativa de frenagem das doenças da mente. A boa-nova é que muitas dessas empresas, no Brasil e nos EUA, têm investido com sucesso em felicidade, em qualidade de vida. Pesquisas mostram que a cada dólar investido, essas empresas investidoras lucram até três dólares.

Dr. Smith pediu para fazer um aparte.

— É uma relação que traz prejuízo para todas as partes. O paciente perde saúde, qualidade de vida e oportunidades. O empresário tem prejuízo com os afastamentos e o Governo assume um estrago nos cofres para gerar medicamento à população enferma.

- Imagine um mundo nada surreal, Dr. Smith, em que as pessoas se propusessem fazer apenas dois exercícios simples, agradecer por cada experiência e meditar todos os dias. Os temas mais complexos poderiam ficar a cargo da ciência se a humanidade pensasse só nessas duas questões que podem ser praticadas até mesmo sem o apoio de especialistas. Na mesma proporção, se o empresário e o Governo adotarem essas causas em suas agendas de conscientização social e educação empresarial, como seria o mundo?

Dr. Smith pediu mais um café.

Eu servi o que deveria ser o décimo cafezinho daquele longo período em que trabalhávamos em prol do livro. Ele tomou calmamente e me deu uma boa notícia.

— Chegamos ao fim de seu livro, Dr. Jean. Quero parabenizá-lo. O seu livro é o segundo que ajudo por meio da supervisão. Sinto que a sua obra vai sensibilizar a comunidade empresarial, os governos e cada leitor que estiver procurando meios para vencer aquilo que o senhor chamou de exércitos da depressão. Estou orgulhoso pelas respostas que concedeu, por sua coragem de revelar a própria história, os medos e as fraquezas, as alegrias e os sucessos!

— Muito obrigado, Dr. Smith! Foi uma honra ser acompanhado por um colega supervisor de textos tão talentosos. Tem certeza que finalizamos?

— Todo livro precisa chegar ao fim e o seu alcançou essa etapa. O senhor está debutando na carreira autoral e tenho certeza de que outros livros virão. Agora vem a parte mais difícil, o fechamento. O senhor ofereceu as respostas que requerem tempo e dedicação para que sejam aplicadas. Vamos fechar com cinco perguntas e respostas rápidas, saídas pelas quais o leitor possa optar em sua vida imediatamente, sem depender de circunstâncias, de pessoas ou especialistas. Mas não se alongue, no máximo umas poucas linhas. Vou oferecer as deixas, apresentar lacunas e o senhor preenche. Simples assim, será uma ótima estratégia para fechar com chapa de outro.

— Não, Dr. Smith. A expressão correta é "fechar com chave de ouro". E obrigado pelo seu reconhecimento. O senhor está certo quanto ao fim. Foi muito bom!

— Uma hora dessas o bom e velho português entra na cabeça desse seu velho amigo. Vamos às lacunas. O senhor está pronto?

— Pronto e feliz pela realização!

— Vamos começar pelo nome das saídas que finalizam o seu trabalho. Leve em conta que cada uma dessas cinco lições pode mudar a vida de alguém. Como batizaria esse aprendizado para a imediata aplicação?

Pensei um bocado e fiz a proposta, que foi aceita pelo supervisor.

Pílulas de Reflexão, Meditação e Gratidão

— Achei um ótimo nome, Dr. Jean.

— Pensei em intitular de acordo com a nossa profissão. – respondi, convicto.

1) A primeira pílula destinaremos a quem procura resolver todos os problemas do mundo e acaba se deprimindo. Pode aviar a receita, Dr. Jean.

— Normalmente, a pessoa que tem muita energia e disposição para mudar as coisas, tenta eliminar todos os eventos dolorosos da vida dela e dos que ama. É um terrível engano. Todos os dias, a gente gasta muita energia tentando controlar o incontrolável. O importante é meditar e dar o melhor de si com a consciência de que nossas ações são limitadas, por mais boa vontade que tenhamos. Por exemplo, o governo mudou a regra e a empresa do filho terá de se adequar. Se é impossível interferir, de que adiantará o pai desse rapaz viver à beira de um infarto por conta do problema de seu filho?

Dr. Smith anotou algo e continuou.

2) A segunda pílula, o senhor pode destinar aos que

têm dificuldade de superar o processo de luto.

Luto saudável se vivencia com início, meio e fim. Meditar é importante porque a perda de alguém que amamos permite enxergar o todo, para nos perguntarmos "o que temos a aprender com aquela perda". Prova disso é que muita gente relata que se aproximou mais da família depois que alguém partiu. E é claro, se agradecer por ter superado o luto é parte do processo. Cabe ressaltar que a dor está no presente, onde deve permanecer. Agendar dor para o dia de amanhã é como viver num *looping* de amargura.

3) O senhor falou sobre os escapes que vivenciou. Como o leitor poderia evitá-los?

É recorrente trocar o que dói na alma por hábitos de compra, consumo de comidas, bebidas e drogas. São os escapes, as fugas que preenchem a ansiedade ou relativizam o gerenciamento do estresse, a depressão, o pânico. A gente vive flutuando entre o futuro e o passado, ignorando e esquecendo de agradecer o tempo presente e o presente de estar vivo. Precisamos viver as demandas na íntegra, conforme se apresentam. Só assim para tomar as atitudes necessárias. Além disso, é óbvio, as práticas de meditar e agradecer previnem a adoção de escapes, geram fortalecimento mental-espiritual, resiliência e desejo de vencer.

4) O que pode fortalecer o paciente depressivo?

Além da medicina e do tratamento, recomendo, por mais difícil que seja, o fortalecimento de quatro áreas I) física; II) mental; III) cultural; IV) espiritual. O exercício físico para a primeira, a meditação e a gratidão para a segunda, a incansável leitura para a terceira e a prática da fé, do jeito que o paciente preferir ou, caso seja ateu, que ao menos pesquise o que cada corrente religiosa tem a dizer e investigue, dentro dele, uma motivação para acreditar em si.

5) O senhor recomenda algum cuidado com a meditação?

Devemos ir até o centro de nossos esconderijos mentais, buscar as respostas e trazê-las, para resolver as nossas questões e melhorar as relações com as pessoas mais próximas. Nenhum radicalismo é positivo. Tem gente que começa a meditar e desiste de tudo o que está ligado ao pragmatismo da vida em sociedade. Não lê mais jornais, não assiste à televisão, não se atualiza e deixa de querer competir no trabalho. O caminho é aprender com a meditação e não viver refém dela. O recurso é maravilhoso, desde que exista a acuidade para ter ajuda da meditação, em vez de posicioná-la como o único norte da vida. Que se venha viver a vida com todos os desafios porque não existe um universo paralelo de pessoas que só meditam e são felizes.

Dr. Smith estava cofiando a barba.

— Muito bem. Não tenho nada a criticar ou complementar. Agora sim, chegamos ao fim.

— Agora que notei. Estamos quase chegando à meia-noite.

Dr. Smith olhou para o relógio.

— Tenho a sensação de que o tempo passa mais rápido nos trópicos. Eu vou indo, meu amigo. A minha tarefa com você chegou ao fim na data de hoje. Espero que seja feliz com a sua primeira obra e que essas páginas alcancem muitas pessoas, pois o senhor empacotou mais do que pílulas filosóficas. O seu livro é um potente material de combate às nocividades que atacam a mente e trazem consequências ao corpo.

Quando percebi, as lágrimas brotavam sem controle em meu semblante.

— Tome um pouco de alga, Dr. Jean. É um santo remédio para as emoções afloradas!

Caminhei até o bebedouro, feliz e emocionado.

— Se me permite uma última correção, Dr. Smith, o correto é água e não alga. E por falar nisso, o senhor também aceita água?

Ele não respondeu. Virei-me e repeti a pergunta, mas o som de minha voz ecoou na sala vazia. Dr. Smith, como de costume, havia partido.

No lugar de sentir que o médico norte-americano nunca me cumprimentava ao partir, dentro de mim um grande sentimento de gratidão se estabelecia. Sentei-me e comecei a refletir sobre os meus medos, que outrora paralisaram o projeto de escrever um livro. E agora, num espaço de poucos dias sob supervisão, chegava ao fim. Antes, eu temia começar e não saber como terminar, temia que os argumentos ficassem superficiais ou complexos demais, temia a possibilidade de que as pessoas não gostassem. E de medo em medo, empurrei o projeto com a barriga até conhecer o colega médico, que gentilmente cedeu tempo e atenção para supervisionar o avanço do início ao fim do projeto.

Me senti feliz por chegar ao fim da jornada, grato por dar cada passo durante toda a construção. Me felicitou também perceber que o conteúdo poderia, de fato, ajudar os meus semelhantes.

Em meio aos devaneios do processo produtivo, o telefone tocou. Mirella estava do outro lado da linha, preocupada.

— Mô, você esqueceu o caminho de casa?

Eu ri alto antes de responder.

— Não, meu amor. Estávamos gravando as últimas conversas. Acabamos o projeto. Agora, é só transcrever e entregar para as pessoas as soluções que um dia pratiquei com sucesso em minha vida. Estou feliz e me sinto grato demais!

— Então venha pra cá, vamos comemorar. Posso conversar por telefone com Dr. Smith, agradecê-lo por ter ajudado você, já que nunca encontro esse homem difícil?

— Poderia se ele aqui estivesse. Quando terminamos, virei para pegar água, ofereci ao Dr. Smith e descobri que havia partido. O homem é rápido na hora de ir embora e não sabe se despedir.

— Então, paciência. Quando você falar com ele outra vez, diga que sou grata por ter ajudado o meu marido a ajudar o mundo.

Pela segunda vez naquela noite, as lágrimas se mostravam em meu semblante. Com a voz embargada, respondi para Mirella.

— Além do conteúdo que me ajudou a criar, Dr. Smith não tem ideia de como foram prazerosos e terapêuticos os nossos encontros em favor da obra. Chegando em casa, conversamos mais. Vou indo!

Nos despedimos e fui caminhando até o estacionamento, passos leves e sensação de que acabava de realizar algo positivo. E foi ali, naqueles passos da minha sala até o carro, que percebi uma lição como cirurgião:

"A escrita é o bisturi que opera a alma"

Ao chegar em casa, Mirella, exausta, dormia em profundo sono. Fiz silêncio para não atrapalhar o seu descanso. Teríamos tempo para comemorar. Nem jantei, só tomei um copo de vitamina antes de deitar. O alimento da alma bastava para aquela noite. Depois de um rápido banho, dormi com serenidade e muita, muita gratidão.

Nos dias seguintes, transcrevi a íntegra somada por essas conversas, perguntas, respostas, correções da pronúncia de meu amigo e, sem dúvida, a sua valiosa contribuição em tudo.

Dez dias se passaram e Dr. Smith não deu sinal de vida. Mirella sempre perguntava por ele e a resposta era a mesma.

— Ainda não me procurou.

Eu não teria como achá-lo. Só então me dei conta de que, pela primeira vez, Dr. Smith havia partido de um dos nossos encontros culturais sem dizer quando pretendia regressar.

Somente vinte e um dias depois, cheguei ao hospital e fui informado pela recepcionista que um portador deixara algo. Corri para ver do que se tratava. Nas mãos dela, um envelope. Li quem o remetia.

"Dr. Smith – seu amigo norte-americano que nunca aprende o português."

Virei o envelope até o campo do destinatário.

"Ao amigo, Dr. Jean, com quem muito aprendi..."

Abri e comecei a ler, em busca de notícias do amigo. A carta me deixou pra lá de surpreso.

"Prezado Dr. Jean,

Compromissos nos Estados Unidos aguardavam a minha

volta e precisei retornar, acompanhado de minha amiga, que decidiu finalizar o tratamento da depressão em minha terra natal.

Lamento não ter visitado o senhor e Mirella. Como eterno viajante, conheço pessoas tão fascinantes que é difícil dizer adeus e por isso, detesto despedidas. Prefiro ficar com a ideia de que verei a pessoa em breve.

Diga para a sua esposa que envio um abraço, que estendo ao senhor, com os meus votos de sucesso em seu primeiro projeto.

Até um dia,

Dr. Smith."

Desta vez, nenhum erro. Aparentemente, Dr. Smith tinha mais dificuldade para falar do que para escrever o português. Me dei conta de que não tive a chance de ensiná-lo a falar "água", pois ele pensava que o correto seria "alga", mas foi embora antes de escutar a correção. E me vi sorrindo pela recordação dos erros dele.

Mais tarde, em casa, cheguei exausto. O dia havia sido puxado, com duas cirurgias de alta com plexidade. Cumprimentei todos e me joguei por um instante no sofá.

Mirella quis conversar.

— Mô, Dr. Smith apareceu?

— Presencialmente não, só enviou uma carta de despedida. – respondi.

— Se eu te disser uma coisa, você não vai ficar com medo?

— Por que ficaria, meu amor?

Mirella fez uma cara de suspense.

— O que tá me assustando é este seu olhar, Mirella. Aconteceu alguma coisa?

— Eu andei pensando. E se esse homem não existe? Eu e ele só nos desencontramos. O tal Dr. Smith não tem celular, não dirige, aparentemente nunca encontrou ninguém além de você.

— Aonde você quer chegar, Mirella?

— E se a sua mente criou um personagem pra te ajudar a realizar o sonho de escrever um livro?

Tal qual o final de um filme de suspense, comecei a vasculhar o baú das memórias. Me vi comprando orquídeas e bombons para Mirella, conversando sozinho durante um longo tempo no hotel de Maceió, enquanto os funcionários riam. Abrindo e fechando a porta de casa ou do consultório para a entrada de alguém que só existia na minha cabeça. Escrevendo recados para mim mesmo, recebendo *motoboys* que eu contratei para me entregar recados. Entregando um envelope endereçado a mim, na recepção do hospital, enquanto a recepcionista ria sem entender nada.

Fiquei desesperado. Comecei a chorar. Foi aí que me dei conta de que Mirella estava certa. Dr. Smith se tratava de uma invenção minha, uma dupla personalidade. Olhei para Mirella, que me olhava com carinho e compreensão. Aos prantos, lamentei.

— Mirella, isso significa que eu contraí um transtorno dissociativo de identidade. Estou doente outra vez e agora, no lugar da depressão, é bem mais sério. Criei uma dupla personalidade!

— Calma. Vai dar tudo certo, só que desta vez, você vai procurar a cura sozinho porque eu me apaixonei por outra pessoa e estou indo embora. Sinto muito, mô, coisas da vida!

E virou as costas, num gesto que eu jamais esperaria de Mirella.

— Não, não, Mirella, por favor. Nããããããããããão!

— Mô, mô, acorda!

Dei um pulo do sofá em que deitara assim que cheguei. Sem perceber, dormi instantaneamente e tive o pior pesadelo de minha vida.

— Você só falou "oi" e logo dormiu. Te acordei porque estava gritando. Um pesadelo, pelo jeito?

Contei os detalhes do pesadelo para Mirella e passado o susto, rimos até doer o maxilar.

Fiquei a me perguntar quando reencontraria o amigo norte-americano, para relatar o pesadelo e fazê-lo rir.

Sou grato a você que, pacientemente, leu cada trecho da obra!

Mande um "olá", diga o que achou de Dr. Smith, dê

um *feedback* sobre a obra num contexto geral e vou responder a cada e-mail. Por último, faço votos de que a sua vida seja repleta de gratidão e amor. Espero também que agora, você esteja mais municiado(a) contra o exército da depressão!

O autor aceita interagir com os leitores desejosos de sanar dúvidas ou eventuais interessados em contratá-lo para palestras. Visite o site, onde encontrará entrevistas, vídeos e contatos.

https://jeanrafael.com.br

Posfácio

O que acabei de ler me fez entender como a ciência tem olhado para a gratidão com maior atenção. Fui uma das pioneiras a lançar palestras e palestrantes no Brasil. Naquela época, a *internet*, que mudaria para sempre a história mundial da comunicação, ainda engatinhava e o tema "gratidão" estava presente no palco, através da oratória de palestrantes envolventes. Mas, no fundo, a gente sabia que as pessoas escutavam e uma vez na empresa, tinham dificuldade de praticar a gratidão.

Dava para entender. Não havia tempo para ser grato. O mundo estava mudando a galope e os profissionais precisavam se adaptar ou seriam dragados pela inovação. Da noite para o dia, quem sabia muito, de repente nada mais sabia. Com tanto a lutar para se manter competitivo em um mercado que ganhava nova dinâmica da noite para o dia, não sobrava tempo para pensar em gratidão.

Nos palcos, defendíamos gratidão, motivação, superação, liderança e uma longa série de temas caríssimos ao dia a dia das empresas. Porém dava a impressão de que o grito dos oradores ecoava no vazio, sem que outros segmentos defendessem a gratidão. Por isso, é muito bom ver a ciência da gratidão dar os seus primeiros passos.

Naqueles dias, a indústria ainda vivia os efeitos da revolução industrial e a palavra da vez era produção. No comércio, como a depressão era considerada frescura, alguns empresários queriam mesmo é vender e pouco se importavam se o colaborador se sentia grato, motivado ou feliz. Na área de serviços, o desafio de cada setor era fechar novas contratações, antes que a inovação desse um fim ao seu nicho, o que de fato aconteceu em grande escala.

Grandes empresas desapareceram do mapa e profissões antes consideradas essenciais foram facilmente substituídas por máquinas.

A mudança não passou despercebida pela medicina. As profissões insalubres foram se dizimando, a saúde do brasileiro e a expectativa de vida aumentando e junto com elas, veio também a qualidade de vida.

Antes, os empresários se dispunham a levantar a bandeira da qualidade total e agora, estavam dispostos a discutir qualidade de vida, essa sim determinante para alavancar os resultados do negócio.

Foi assim, num breve resumo, que o Brasil viu nascer a preocupação com a qualidade de vida e a necessidade de *check-ups* periódicos para garantir uma vida longa e saudável, pois o brasileiro é sábio e rapidinho, constatou que não adiantava nada envelhecer doente.

Foi aí que os temas abordados – com excelência – por Jean, entraram em cena. Se por um lado o brasileiro culto admitia que precisava ter saúde física e os empresários concordavam, o próximo passo seria olhar para o exterior.

Importamos da Europa, da Ásia e da América do Norte assuntos inéditos para a nossa brasilidade: psicologia positiva, coaching, PNL, gratidão, autoconhecimento, autoajuda, psiquiatria. Agora sim, flertávamos com uma nova oportunidade de complemento e desenvolvimento humano porque além da saúde física, passávamos a nos conhecer por dentro e avaliar nossas emoções.

Passo a passo, alcançamos o que somos hoje; um país de pessoas mais preparadas para lidar com razão e emoção. Sim, é claro que temos muito a melhorar, mas podemos comemorar o fato de que em três décadas, absorvemos pelo menos meio século de conhecimento e evolução.

Passamos a nos importar com o que o outro pensa a respeito de nosso trabalho, de nossa sociabilidade. Passamos a agradecer e nos agradecer como nunca.

Pudera que assim aconteceu. Além da internet, tivemos a influência de mestres, líderes mundiais que desbravaram necessidades humanas elementares; psicólogos, estadistas, religiosos, psiquiatras e empresários que marcaram época.

Agora sim, tínhamos boas influências para inspiração e novas ferramentas para lidar com a saúde física. Era um novo Brasil formado por brasileiros que acessavam o conhecimento mundial, antes restrito aos países mais abastados.

O drama vivenciado por Jean representa o relato fiel dessas mudanças que às vezes são difíceis de "segurar no peito". Se muito mudamos, também temos muito a mudar. Livros como esse são a nossa chance de olhar para a gratidão de uma maneira múltipla, de inseri-la no campo pessoal, na rotina profissional, em família e, é claro, conosco.

Gente grata é mais feliz, tem maior capacidade de amar e ser amada, respeitar pontos de vista diferentes do seu e, consequentemente, ser respeitada.

O mundo está cheio de pessoas gentis como o personagem Dr. Smith, dispostas a escutar o semelhante sem julgamento. Está repleto de pessoas como Jean e Mirella, que tiveram a coragem de revelar detalhes da intimidade, em favor de quem vai ler e aprender. O mundo é abundante de gente carinhosa como a família do autor, que esteve ao lado dele mesmo diante de escolhas difíceis e por último, o mundo é cheio de pessoas generosas como aquelas que surgiram na vida de Jean para estender a mão amiga, a palavra de carinho ou o abraço afetuoso.

Assim é a vida. Essas pessoas que o ajudaram só apareceram porque ele estava pronto para recebê-las e estar pronto significa estar grato, tal qual acabamos de aprender.

Ao Jean, expresso minha gratidão por tê-lo como cliente e amigo, por aprender com ele novos recursos que vou usar no doce exercício de existir.

A você, que acaba de ler, desejo que aplique tudo o que aprendeu e posso garantir, eu já estou fazendo isso. Quer ver só?

Muito obrigada por ler o posfácio que preparei com carinho para o Jean e para você. Afinal, mais de um ponto de vista sobre o mesmo conteúdo é como a gratidão: nunca será demais.

Silvia Patriani
Mentora de Palestrantes
https://silviapatriani.com.br/